Bernd Janssen

Kreative Unterrichtsmethoden

Bausteine zur Methodenvielfalt – Wege zum guten Unterricht

westermann®

Bildquellen
Anja Böhne (19, 149, 162)
Deutsche Presse Agentur, Frankfurt/M. (117)
Bernd Janssen, Hannover (20, 27, 30, 32, 35, 42, 44, 46, 47, 56, 61, 102)
Jan Janssen, Hannover (Titelfoto, 130, 177)
Marie Marcks, Heidelberg (178, 179)
Wiebke Reinhold (160)
Martin Schutt (112)
Dieter Tonn, Bovenden (25, 73, 82, 116, 125, 133, 146, 184, 186)
Dragutin Trumbetas, Helikamlaka/Kroatien (135)
Westermann Kartographie/Technisch Graphische Abteilung, Braunschweig (10, 51, 172)

Textquellen
Allert-Wybranietz, Kristiane: Was man so sagt (5/6, 68/69). In: Körner, Heinz (Hg.): Heroin. Die süchtige Gesellschaft. Fellbach: amp-verlag Lucy Körner 1980.
Brecht, Bertolt: Maßnahmen gegen die Gewalt (58). In: Werke. Große kommentierte Berliner und Frankfurter Ausgabe, Band 18. Frankfurt: (c) Suhrkamp Verlag 1998.
Borchert, Wolfgang: Das Brot (74/75). In: Das Gesamtwerk. Reinbek bei Hamburg: Rowohlt Taschenbuchverlag 2002.
Frankfurter Rundschau (83/84, 97/98, 110–112, 136/137)
Hannoversche Allgemeine Zeitung (89/90, 104/105, 117, 120)
Hofmannsthal, Hugo von: Die Beiden (63). In: Lamping, Dieter (Hg.): Gesammelte Werke, Band 1. Düsseldorf: Artemis & Winkler Verlag 2003.

3. überarbeitete und erweiterte Auflage

Lektorat: Britta Naumann, Angelika Ulrich
Herstellung: Heike Freese
Satz: PER Medien+Marketing GmbH, Braunschweig
Druck und Bindung: westermann druck GmbH, Braunschweig

ISBN 3-14-**162116**-7

Liebe Leserin, lieber Leser!

Im Alter von sieben Jahren schrieb meine Tochter Lara zu Hause den folgenden Satz auf ihre Tafel: *Die Lehrer wollen immer, dass wir mitmachen, aber sie machen immer dasselbe.* Meine Schrift ist der Versuch, das hier angesprochene Problem konstruktiv zu lösen.

Wenn Sie Lehramtsstudierende sind, erhalten Sie mit dieser Schrift ein Angebot ausgewählter Unterrichtsmethoden und damit die Chance, bereits in Ihren ersten Unterrichtsversuchen Lernprozesse abwechslungsreich und intensiv zu gestalten. Wenn Sie Lehrerin oder Lehrer in den ersten Berufsjahren sind, finden Sie in dieser Ausarbeitung neunzehn kreative Unterrichtsmethoden, um Ihr professionelles Selbstverständnis unter dem Anspruch der Methodenvielfalt entfalten zu können. Wenn Sie bereits zu den routinierten Lehrerinnen und Lehrern gehören, präsentiert Ihnen dieses Buch auf der Basis erprobter Stundenentwürfe viele methodische Anregungen, Schülerinnen und Schüler im alltäglichen Fachunterricht nachhaltig und vielfältig zu aktivieren und zugleich die eigenen Kräfte zu schonen. Wenn Sie in der Lehrerbildung tätig sind, können Sie mein Angebot eines Methoden-Workshops oder meine Vorschläge zur kreativen Seminardidaktik aufgreifen, um Lehrkräften oder angehenden Lehrkräften einen erfahrungsbezogenen Zugang zu kommunikativen, produktiven und spielerischen Methoden zu eröffnen.

Die neue Auflage bedarf einiger erklärender Worte. Die fortgesetzte intensive Praxis kreativer Unterrichtsmethoden in Schule, Hochschule und Fortbildung war der Motor einer dynamischen Entwicklung: Viele Methoden werden jetzt noch variabler präsentiert. Das Schreibgespräch, die 2-Minuten-Rede und die Redekette erweitern das Methodenrepertoire. Alle Stundenentwürfe wurden aus dem Blickwinkel der neuen Methoden und zugleich fachdidaktisch überarbeitet. Die Fächer Geschichte und Sachunterricht konnten mit erprobten Stundenentwürfen erschlossen werden, Ideenskizzen für die Fächer Kunst, Musik und Mathematik sind hinzugekommen. Stationenlernen: Hier wurde der Bogen von der Sekundarstufe zur Grundschule geschlagen.

Meiner Ehefrau Sabine Janssen, die alle Deutsch- und Politikentwürfe erfolgreich unterrichtet und jede Phase der Überarbeitung und Erweiterung kritisch und professionell begleitet hat, möchte ich für ihre unermüdliche Unterstützung ausdrücklich danken.

Ich wünsche Ihnen viel Spaß bei der Lektüre und Erfolg bei der Gestaltung eines methodisch lebendigen Unterrichts, der die Freude am Lehren und Lernen mit qualifizierten Leistungen verbinden will.

Bernd Janssen (E-Mail: bjkum@htp-tel.de)

Inhalt

Ein Test zur Einstimmung

1

Liebe Kolleginnen und Kollegen, liebe Studierende,
bitte verweilen Sie zunächst einige Minuten auf dieser Seite. Stellen Sie sich vor, Sie wollen im Fach Deutsch oder Sozialkunde/Politik oder Religion das folgende Gedicht bearbeiten:

Was man so sagt

Als sie lachte,
sagte man ihr, sie sei kindisch.
Also machte sie fortan ein ernstes Gesicht.
Das Kind in ihr blieb,
aber es durfte nicht mehr lachen.

Als sie liebte,
sagte man ihr, sie sei zu romantisch.
Also lernte sie, sich realistischer zu zeigen.
Und verdrängte
so manche Liebe.

Als sie reden wollte,
sagte man ihr, darüber spreche man nicht.
Also lernte sie zu schweigen.
Die Fragen, die in ihr brannten,
blieben ohne Antwort.

Als sie weinte,
sagte man ihr, sie sei einfach zu weich.
Also lernte sie, die Tränen zu unterdrücken.
Sie weinte zwar nicht mehr,
doch hart wurde sie nicht.

Als sie schrie,
sagte man ihr, sie sei hysterisch.
Also lernte sie, nur noch zu schreien,
wenn niemand es hören konnte,
oder sie schrie lautlos in sich hinein.

Als sie zu trinken begann,
sagte man ihr, das löse ihre Probleme nicht.
Sie solle eine Entziehungskur machen.
Es war ihr egal, weil ihr
schon so viel entzogen worden war.

Als sie wieder draußen war,
sagte man, sie könne jetzt von vorn anfangen.
Also tat sie, als begänne sie ein neues Leben.
Aber wirklich leben konnte sie nicht mehr,
sie hatte es verlernt.

Als sie ein Jahr später
sich versteckt zu Tode gefixt hatte,
sagte man gar nichts mehr.
Und jeder für sich versuchte,
leise das Unbehagen mit den Blumen
ins Grab zu werfen.

Kristiane Allert-Wybranietz

Bitte notieren Sie in Stichworten, welche *Unterrichtsmethoden* Sie einsetzen könnten, um dieses Gedicht zum Thema zu machen:

____

____

____

____

____

____

Prüfen Sie jetzt bitte, inwieweit auch die folgenden Vorschläge Ihr Interesse finden:

- ➤ Alle sitzen oder stehen im Kreis. In der Mitte des Raumes steht eine leere Weinflasche - als Symbol für das Thema „Drogen". *Erster Impuls:* Wie wichtig ist für dich das Problem Drogen? Die Lernenden sollen sich stehend und schweigend im Raum zu dieser Frage positionieren - je wichtiger, desto näher sollten sie Position beziehen; je unwichtiger, desto mehr Abstand sollten sie zum Symbol Weinflasche wählen. Einige werden aufgefordert, ihren gewählten Standpunkt mit einigen Sätzen zu erklären. *Zweiter Impuls:* Was müsste sich in deinem Leben oder im Unterricht ereignen, um für dich das Drogenthema bedeutsamer zu machen? Einige, die sich relativ weit von dem Drogensymbol positioniert haben, werden nacheinander gebeten, auf diese Frage zu antworten.
(→ Methode **Motorinspektion**, s. S. 24)
- ➤ Alle sollen in Kleingruppen einen Satz enträtseln: „Als sie ein Jahr später sich versteckt zu Tode gefixt hatte, sagte man gar nichts mehr." Der Satz wird als Wort-Puzzle und durchgehend mit großen Buchstaben präsentiert, das Wort „Tode" ist durch einen Leerzettel ersetzt, die Satzzeichen fehlen. Das Puzzle soll schweigend gelöst werden. Jedes Gruppenmitglied darf maximal drei Zettel umlegen, dann ist das nächste Gruppenmitglied am Zug. Gruppen, die nicht vorankommen, erhalten für den Leerzettel das Wort „Tode".
(→ Methode **Enträtseln**, s. S. 26)
- ➤ Das Gedicht wird im Stuhlkreis vorgelesen. Zu der Frage, wer mit der Formulierung „sagte man" in der jeweiligen Strophe gemeint sein kann, äußern die Lernenden ihre Fantasien. Dann werden alle aufgefordert, sich eine im Gedicht handelnde oder zumindest angedeutete Person auszusuchen, in deren Ich zu schlüpfen und diese Rolle innerlich auszumalen. Nach einer gewissen Zeit des stillen Nachdenkens und Fühlens können sich einige freiwillig und nacheinander auf einen leeren Stuhl setzen und darstellen: wer sie sind, wie sie sich fühlen, wie sie die anderen erleben ... Anschließend können alle - auch die Lehrkraft - Fragen an die präsentierte Figur richten.
(→ Methode **Identifikationskreis**, s. S. 30)
- ➤ Im Rahmen einer Gruppenarbeitsphase übernimmt eine Gruppe die Aufgabe, zur dritten Strophe ein Standbild zu bauen. Einige Gruppenmitglieder übernehmen bestimmte Rollen. Anschließend diskutiert die Gruppe, wie man mit den Mitteln Körpersprache, Gestik und Mimik - aber ohne Worte - diese Situation eindringlich darstellen kann und präsentiert danach ihr Bild im Plenum.
(→ Methode **Standbild**, s. S. 40)

➤ L. erteilt schriftlich folgenden Arbeitsauftrag: Stell dir vor, du bist die Drogenabhängige und hast am Ende deines Lebens noch einmal die Möglichkeit, einen Brief an deine Eltern zu schreiben. Entwerfe einen Abschiedsbrief in der Ich-Form.
(→ Methode **Ich-Texte**, s. S. 28)

➤ Geben Sie nur die Überschrift und die erste Zeile der Strophen 1 bis 5 und 8 vor, fordern Sie dazu auf, diese Strophen im Sinne des Gebots der Nächstenliebe neu zu entwerfen.
(→ Methode **Perspektivenwechsel**, s. S. 35)

➤ Ein Interview mit den Eltern der Drogenabhängigen - einige Wochen nach der Beerdigung - vorbereiten, spielen (einmal vor der Klasse) und reflektieren. Zwei Reporter/-innen einer Tageszeitung sollten das Interview durchführen, das heißt, es sind insgesamt vier Rollen zu vergeben. Die Rollen sollten im Plenum inhaltlich vorbesprochen und verteilt werden.
(→ Methode **fiktives Interview**, s. S. 43)

➤ L. informiert (nachdem das Gedicht vorgelesen wurde): Gleich ertönt leise Musik im Hintergrund. Schließt dann bitte eure Augen und versucht dem Text, den ich spreche, in der Fantasie zu folgen. Ihr entscheidet selbst, wann die Fantasiereise zu Ende ist, öffnet die Augen, greift zum bereitliegenden Stift und schreibt auf, was ihr erlebt habt oder entwerft in der Schreibsituation in der Ich-Form den weiteren Verlauf der Geschichte. Text der Fantasiereise: *Stell dir vor, du bist der Bruder oder die Schwester der Drogenabhängigen. Als deine Schwester noch ein kleines Kind war, hast du viel mit ihr gespielt ... Du hast sie sehr geliebt ... Vor zwei Jahren hat deine Schwester die Realschule abgebrochen ... Sie ist schon lange alkoholkrank und lebt mit ihrer drogenabhängigen Freundin in einer kleinen Wohnung am Rande der Stadt ... Wovon sie lebt, weißt du nicht ... Deine Eltern kümmern sich nicht mehr um sie ... Stell dir vor, du siehst sie am Morgen schlafend auf ihrer Matratze liegen ... Jetzt wacht sie auf ... Ihre Freundin sitzt rauchend in der Küche ... Male dir in deiner Fantasie aus, wie ihr Tag weitergeht ...*
(→ Methode **Fantasiereise**, s. S. 31)

➤ Die Lernenden gehen auf einer Freifläche spazieren wie auf einem Marktplatz. Musik untermalt die Szene. Die Musik stoppt, alle finden sich in Zweiergruppen zusammen. Mit einem Impuls wird geklärt, wer innerhalb jeder Zweiergruppe A bzw. B ist. Die Lehrkraft stellt eine Frage, A beantwortet B gegenüber diese Frage, B muss schweigend zuhören. Auf ein Signal hin wechseln die Rollen: B spricht zur gestellten Frage, A hört zu. Mit dem Einsetzen der Musik lösen sich die Zweiergruppen auf, alle schlendern wieder herum - bis zum nächsten Musik-Stopp, der Bildung von neuen Zweiergruppen ... Zu

diesem Gedicht sind mindestens drei Durchgänge sinnvoll. Die Fragen lauten: Warum wurde die Frau alkoholabhängig? Wer ist schuld an ihrem Tod? Wie hätte ihr früher Tod verhindert werden können?
(→ Methode **Sprechmühle**, s. S. 16)

➤ Die Lernenden stellen sich in Zweiergruppen zusammen. Intern oder mit einem Impuls wird geklärt, wer innerhalb jeder Zweiergruppe A bzw. B ist. Alle, die A sind, sollen in dem folgenden Streitgespräch die Position vertreten: Die Drogenabhängige ist selber schuld. Alle, die B sind, sollen die Position vertreten: Die Drogenabhängige hatte keine Chance auf ein anderes Leben, schuldig sind die anderen. Nach 3–4 Minuten sollten die Rollen in allen Zweiergruppen getauscht werden.
(→ Methode **Partnerstreitgespräch**, s. S. 20)

➤ Alle sollen in Dreiergruppen in ca. 20 Minuten eine 2-Minuten-Rede zu dem Thema „Wer ist schuld am Tod der jungen Frau?“ entwerfen. Auf einer Karteikarte sollen der erste und letzte Satz im Wortlaut festgehalten, die anderen Sätze sollen nur in Stichworten notiert werden. Mehrere Kurzreden sollten gehalten und kommentiert werden.
(→ Methode **2-Minuten-Rede**, s. S. 38)

Andere Methoden sind denkbar. Mit Hilfe des → **Partnerinterviews** (s. S. 20) ließe sich ein Einstieg in das Drogenthema finden. Die im vorletzten Vorschlag ausformulierten Positionen A und B können auch in einem → **Gruppenstreitgespräch** (s. S. 21) diskutiert werden. Die Methode → **rollenbezogenes Streitgespräch** (s. S. 45) könnte eingesetzt werden, um die Chancen der Drogenabhängigen auf eine positive Wende in ihrem Leben kontrovers zu erörtern.

Im Rahmen einer Einzelstunde können Sie wahrscheinlich nur eine der hier genannten Methoden sinnvoll integrieren. Aber was spricht dagegen, solch ein Gedicht über einen Zeitraum von mindestens zwei Stunden zu thematisieren (s. S. 70 f.), um mehrere traditionelle und kreative Unterrichtsmethoden miteinander verknüpfen zu können? Wenn Sie in der Tendenz mit wenigen Quellen, aber vielen Methoden arbeiten, steigen Ihre Chancen, mit motivierten Schülerinnen und Schülern intensive Lernprozesse gestalten zu können und zugleich die Lernenden nachhaltig zu aktivieren.

2 Angebote zur Erweiterung der Methodenkompetenz

Seit der ersten Pisa-Studie stehen die Schulen vor der Herausforderung, zur Verbesserung der Unterrichtsqualität die Initiative zu ergreifen. Eine Ausdifferenzierung der Methodenkompetenz eröffnet erhebliche Chancen für mehr Freude an der Arbeit, bessere Beziehungen und intensivere Lernprozesse. Mein Angebot dazu besteht aus neunzehn inhaltsbezogenen Methoden, die sich im Fachunterricht in vielen Varianten einsetzen lassen. In Kapitel 5 präsentiere ich erprobte Stundenentwürfe für die Fächer Deutsch, Geschichte, Sozialkunde/Politik, Religion und den Sachunterricht sowie Ideenskizzen für die Fächer Kunst, Musik und Mathematik, um den Sinn und die vielfältige Anwendbarkeit dieser Methoden zu dokumentieren. Lehrkräfte, die strukturverwandte Fächer unterrichten – z. B. Fremdsprachen, Arbeitslehre, Sozialpädagogik, Geographie, Biologie usw. –, können diese Methoden übernehmen.

Die hier angebotenen Methoden sollten nicht als eine Alternative zu traditionellen Methoden, sondern als ihre sinnvolle Ergänzung begriffen werden. Der praktische pädagogische Fortschritt im Bereich Unterrichtsmethodik kann gelingen, wenn die Lehrkräfte ihre tradierte Methodenkompetenz über eine Integration kreativer Lehr- und Lernwege erweitern. In Kapitel 7 folgt das Konzept eines Methoden-Work-

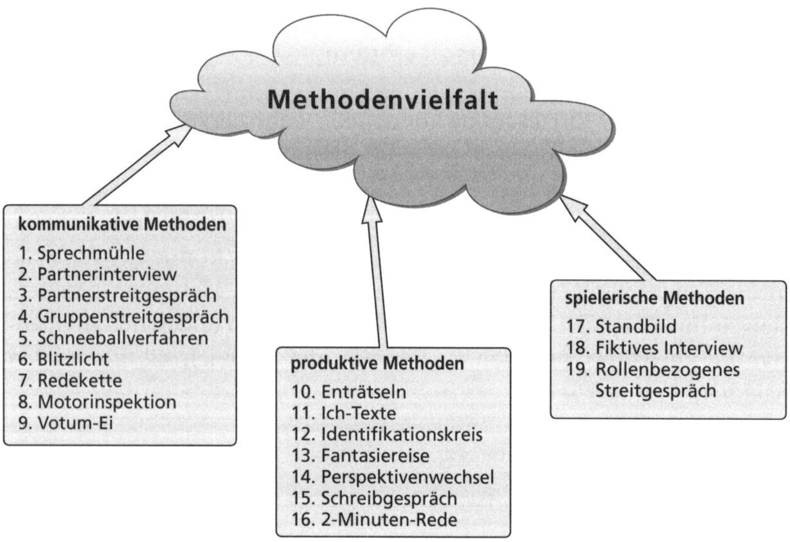

shops, der es jedem interessierten Kollegium ermöglicht, sich dieses Methodenrepertoire im Rahmen eines Lernzirkels anzueignen.

Gesucht, erprobt und ausdifferenziert habe ich nur solche Unterrichtsmethoden,
- die sich Lehrkräfte ohne eine spezielle Zusatzausbildung aneignen können,
- die im Rahmen der Unterrichtsvorbereitung nur einen geringen Arbeitsaufwand erfordern,
- die sich in den Zeitrhythmus von Schule problemlos einfügen
- und an die Rahmenbedingungen des Unterrichts keine besonderen Anforderungen stellen.

Realistische Pädagogik bleibt auch auf diesem Gebiet meine Arbeitsmaxime.

Ich spreche von kreativen Unterrichtsmethoden, weil die behutsame und zugleich konsequente Integration dieser Methoden dazu führt, dass Unterricht mit mehr Fantasie gestaltet und damit lebendiger wird. Die mit Hilfe dieser Methoden mögliche Methodenvielfalt schafft einen veränderten Unterrichtsalltag, der sich mit dem Begriff des Kreativen am ehesten auf den Punkt bringen lässt. Ich will aber nicht unterschlagen, dass diesen Methoden auch unmittelbar eine kreative, das heißt schöpferische Dimension zukommt. Die *spielerischen* Methoden fordern dazu auf, Rollen zu übernehmen und zu gestalten – damit ist auch ein schöpferischer Anspruch verbunden. Die *produktiven* Methoden sind per Definition eine Herausforderung, schöpferisch tätig zu sein. Die *kommunikativen* Methoden geben einen Freiraum, sich zu zeigen, zu entfalten, sich in der Kommunikation mit anderen selbst zu finden. Sie sind ein Hilfsmittel für das große Ziel einer gelingenden Persönlichkeitsentwicklung.

Angebote zur Erweiterung der Methodenkompetenz können letztlich nur überzeugen, wenn sie auch vorwärtsweisende Antworten auf zentrale Problemlagen des Unterrichts geben können. In methodischer Hinsicht bestehen insbesondere die folgenden Probleme:

- Die Schülerinnen und Schüler folgen dem Unterricht in vielen Stunden nur schweigend – bestenfalls ist es ein höfliches Schweigen, nicht selten ist es gepaart mit unterschwelliger Aggressivität und symbolischem Störverhalten. Lehrergelenkte Gespräche schleppen sich mühsam dahin, die Lehrkraft redet viel, einige Lernende werfen ab und zu einige Äußerungen in den Raum – bis das Stundenende alle entlässt. Diese Problemlage ist in deutschen Schulen weit verbreitet. Häufig beansprucht die einzelne Lehrkraft zwei Drittel der gesamten

Redezeit. Alle Schülerinnen und Schüler zusammen teilen sich in solchen Situationen das verbleibende Drittel der in einer Stunde verfügbaren Redezeit.

- Unterricht ist häufig zu rezeptiv – ausgerichtet auf Lernprozesse, die die Aufnahme und Wiedergabe von Wissenselementen in den Mittelpunkt rücken. Es wird gelesen, mit eigenen Worten wiedergegeben, zusammengefasst, an der Tafel festgehalten und individuell aufgeschrieben, was ohnehin schon als Botschaft eines Lehrbuches, eines Arbeitsheftes, einer ergänzenden Folie etc. verfügbar ist. Fachliche Informationen werden nur von einer Form in die nächste umgewälzt – und bestenfalls im Kurzzeitgedächtnis gespeichert. Als Hochschullehrer beobachte ich dieses Unterrichtsmuster seit 30 Jahren: im Rahmen studentischer Schulpraktika fast stereotyp, aber auch nicht selten bei erfahrenen Lehrkräften. Ein Schüler einer 8. Klasse hat diese Problematik pointiert in eigene Worte gefasst: *„Texte lesen, darüber unterhalten, aufschreiben. Neue Texte lesen, wieder darüber unterhalten, aufschreiben, fertig.“* Angebote, die die Schülerinnen und Schüler aktivieren und zu produktiven Leistungen herausfordern, sind offenbar selten. Unverkennbar klingt auch in der Schüler-Äußerung an, dass der Überhang rezeptiver Lernprozesse die Monotonie-Effekte des Unterrichts erheblich verstärkt.
- Seit den Anfängen der Reformpädagogik wird beklagt: Der Unterricht an traditionellen deutschen Schulen ist zu verkopft. Die Maxime – zumindest an den Sekundarschulen – lautet unverändert: stillsitzen und Kopfarbeit leisten. Diese einseitige Ausrichtung des Unterrichts bietet der gewünschten Methodenvielfalt wenig Chancen, verschärft im Gegenteil das Monotonieproblem im Alltag vieler Fächer. Gefühle und Körperhaltung, Sinnlichkeit und ganzheitliches Lernen kommen zu kurz, werden in die Nischen der Projektwochen und Arbeitsgemeinschaften abgedrängt.

Unterrichtsmethoden sind kein Wundermittel wider die Probleme von Schule und Unterricht, sie können auch die notwendige Diskussion über die Ziele und Inhalte des Unterrichts nicht entbehrlich machen. Aber die hier skizzierten Problemlagen sind durch kreatives methodisches Handeln wesentlich zu beeinflussen. Insofern ist die methodische Handlungskompetenz der Lehrkraft ein Schlüssel auf dem Weg zum guten Unterricht, wenn auch nicht der einzige. Auf das Problem der Schweigsamkeit kann mit *kommunikativen* Methoden eine Antwort gegeben werden. Das rezeptive Grundmuster des Fachunterrichts kann mit *produktiven* Methoden durchbrochen werden. Die Verkopfung des traditionellen Unterrichts kann durch rollengestaltende *spielerische* Methoden wesentlich vermindert werden. Dem Monotonieproblem wird in dem Maße der Boden entzogen, in dem kommunikative, produktive und spielerische Methoden Eingang in den alltäglichen Fachunterricht finden.

An deutschen Schulen dominiert der Frontalunterricht. Er wird weitgehend geprägt durch die traditionellen Unterrichtsmethoden Lehrervortrag, lehrergelenktes Gespräch, Tafelarbeit und Stillarbeit. Diese Schrift ist kein Plädoyer gegen den Frontalunterricht, sollte aber als Herausforderung begriffen werden, den Frontalunterricht mit kreativen Unterrichtsmethoden zu ergänzen, um den Unterricht interessanter und nachhaltiger zu gestalten. Über die Integration der kreativen Unterrichtsmethoden gewinnt der tradierte Fachunterricht schöpferische Momente hinzu, die Schülerinnen und Schüler werden aktiv und auf verschiedenen Ebenen gefordert, das gängige Übermaß an Lehrerlenkung mindert sich, es entstehen weitere Unterrichtsabschnitte, in denen die Lernenden das Wort haben und die Lehrkraft schweigen kann, schweigen soll. Kurzum: Auch für Lehrkräfte, die den Frontalunterricht favorisieren, eröffnen sich neue Chancen für einen *guten* Unterricht.

Es gibt pädagogische Alternativen zum Frontalunterricht: Projektunterricht, Wochenplanarbeit, Stationenlernen usw. Sie kreisen alle um die Idee, Kinder und Jugendliche möglichst selbsttätig und frei arbeiten und lernen zu lassen. Sie münden deshalb häufig in die Forderung, die Gruppenarbeit in den Mittelpunkt des Unterrichts zu rücken. Aber die alltägliche Praxis zeigt, dass Gruppenarbeit nicht selten misslingt, lustlos abgewickelt, zu Freizeit umfunktioniert wird. Meines Erachtens sind nicht die grundlegenden pädagogischen Ideen falsch, sondern es fehlt u.a. an methodisch handwerklicher Kompetenz, um Gruppenarbeit vielfältig und damit für Lernende interessant und herausfordernd zu gestalten. In Kapitel 6 gebe ich Beispiele für einen methodisch kreativ gestalteten Gruppenunterricht – auf der Basis des Konzepts *Stationenlernen.*

Unabhängig vom pädagogischen Selbstverständnis – Wie halte ich es mit dem Frontalunterricht? – gilt: Die schrittweise, themenbezogene Integration kreativer Unterrichtsmethoden produziert *Methodenvielfalt.* Methodenvielfalt ist zunächst ein Wert an sich und bedeutet, dass Unterricht abwechslungsreich und damit potenziell lebendiger wird als einer, der methodisch traditionell aufgebaut ist. Insofern ist der Untertitel „Bausteine zur Methodenvielfalt" nicht zufällig gewählt. Er richtet sich gegen die vielfach beklagte Langeweile in deutschen Klassenzimmern.

Methodenvielfalt bewirkt fast zwangsläufig, dass die Motivation für den Unterricht und die Leistungsbereitschaft steigen. Zugleich haben in einem solchen Unterricht mehr Lernende mehr Erfolgserlebnisse, da die Anforderungen auf verschiedenen Ebenen liegen und damit die unterschiedlichen Fähigkeiten, die in jeder Klasse präsent sind, besser genutzt werden. Dieses Mehr an Erfolgserlebnissen wirkt wiederum verstärkend auf die Unterrichtsmotivation aller Beteiligten zurück.

Motivation und Interesse manifestieren sich immer in der einzelnen Person. Aber die kreativen Unterrichtsmethoden schlagen noch mehr Brücken zum **Ich**:

- es kann sich persönlich einbringen (Blitzlicht, Redekette, 2-Minuten-Rede, Schreibgespräch, Ich-Texte, Fantasiereise);
- es kann in einer nicht öffentlichen Zweiergruppe den Mut zum Sprechen finden (Sprechmühle, Partnerinterview, Partnerstreitgespräch);
- es kann Fantasie entfalten (Enträtseln, Ich-Texte, Schreibgespräch, Perspektivenwechsel, Fantasiereise);
- es kann nachempfinden, Gefühle erleben und zeigen (Identifikationskreis, Fantasiereise, Standbild, fiktives Interview, rollenbezogenes Streitgespräch).

Das gute Klima in einer Klasse ist ein soziales Ziel und fördert zugleich erfolgreiches Lernen. Alle Erfahrungen der Anwendung kreativer Unterrichtsmethoden – mit Lernenden, Studierenden und Lehrkräften – belegen, dass sich das Gruppenklima deutlich verbessert. Die Vielfalt der kommunikativen, produktiven und spielerischen Aktivitäten wirkt gruppendynamisch belebend und gestaltend. Im Einzelnen konkretisiert sich die Bedeutung der kreativen Lehr- und Lernwege für das **Wir** – die Lerngruppe und ihre Befindlichkeit – wie folgt:

- Die Methoden Sprechmühle, Blitzlicht, Redekette und Motorinspektion zielen von vornherein auf die Gruppe als Ganzes, es sind Versuche, der Lerngruppe Raum und Ausdruck zu geben.
- Die Musik, die bei den Methoden Sprechmühle und Fantasiereise eingesetzt wird, schafft eine besondere Atmosphäre für die Gruppe.
- Das Sich-Bewegen-Müssen (Sprechmühle, Motorinspektion, Gruppenstreitgespräch, Standbild) bringt auch die Lerngruppe insgesamt in Bewegung.
- Der Rollentausch, der bei vielen Methoden verlangt wird (Ich-Texte, Identifikationskreis, Standbild, fiktives Interview, rollenbezogenes Streitgespräch), fördert die wechselseitige Wahrnehmung in der Gruppe und kann folglich das Wir-Gefühl stärken.
- Bei den Methoden Sprechmühle, Enträtseln, Standbild, fiktives Interview und rollenbezogenes Streitgespräch erlebe ich häufig, dass gelacht wird – z.T. ein verlegenes Lachen, z.T. ein befreites Lachen, z.T. ein entspanntes Lachen. Das Lachen wirkt sich positiv auf das Klima in der Gruppe aus.

- Die Methoden Schreibgespräch, Gruppenstreitgespräch, Schneeballverfahren, Enträtseln, Standbild, fiktives Interview und rollenbezogenes Streitgespräch erfordern und fördern Gruppenarbeit und damit die Teamfähigkeit.

Kreative Unterrichtsmethoden erhöhen die Chancen auf eine gründliche Auseinandersetzung mit der **Sache** (Thema/Inhalt). Dieser Optimismus gründet in meiner Erfahrung, dass die Verknüpfung von traditionellen und kreativen Unterrichtsmethoden im konkreten Anwendungsfall dazu führt, dass Lernprozesse intensiver werden – die Unterrichtsbeispiele in den Kapiteln 5 und 6 sollen diese Sichtweise belegen. Die fundamentale schulpädagogische Einsicht „Bildung braucht Tiefe" gerät damit in den machbaren Horizont methodischer Handlungskompetenz.

Mit anderen Worten: Die Erweiterung der methodischen Handlungskompetenz kann bewirken, dass das **Ich** und das **Wir** gestärkt werden, themenbezogen mehr Raum und Beachtung finden. Zugleich ergeben sich für eine intensive Auseinandersetzung mit der **Sache** neue Chancen.

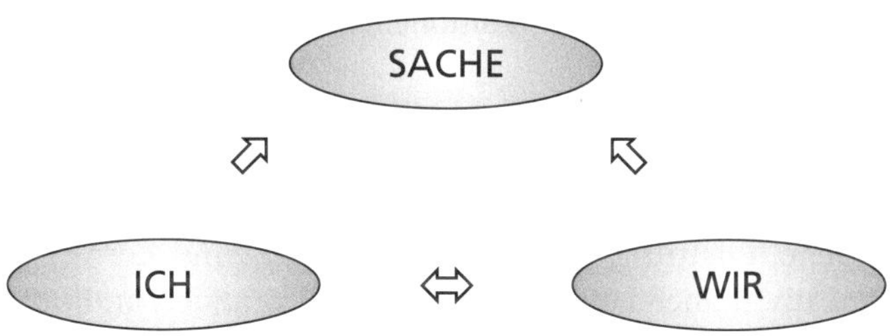

Darüber hinaus wird der berechtigte Anspruch, dass Schule und Unterricht zum Gelingen von Demokratie beitragen sollen, durch die hier präsentierten Methoden ein Stück weit einlösbar: Sie fördern den Mut und die Fähigkeit, eine eigene Meinung argumentativ zu vertreten, eine demokratische Streitkultur und die Erziehung zur Toleranz.

Der hier beschriebene Sachverhalt, dass die ausgewählten Methoden offenkundig zahlreiche Funktionen erfüllen – siehe ergänzend das Schaubild auf S. 51 –, ist für mich ein weiterer Grund, bewusst von kreativen Methoden zu sprechen.

3 Kreative Unterrichtsmethoden

Die Menschen stärken
und die Sache klären.
Hartmut von Hentig

In dieser Schrift präsentiere ich kreative Unterrichtsmethoden, die im schulischen und universitären Unterricht sowie in zahlreichen Lehrerfortbildungsveranstaltungen vielfältig praktiziert, anschließend diskutiert und weiterentwickelt wurden. Ich beschränke mich bewusst auf die hier ausgewählten Methoden, weil diese Lehr- und Lernprozesse sehr nachhaltig gestalten, sich mühelos und mit wenig Aufwand in den schulischen Alltag integrieren lassen, sich für unzählige Themen in zahlreichen Fächern eignen, die komplexe Aufgabe einer Erziehung zur Demokratie unterstützen, Freude am Lehren und Lernen auf den Weg bringen und untereinander – und mit traditionellen Methoden – vielfältig kombiniert werden können.

Die Aufgliederung in kommunikative, produktive und rollengestaltende spielerische Methoden sollte nicht dogmatisch aufgefasst werden: Selbstverständlich haben primär kommunikative Methoden eine produktive Seite, unstrittig sind produktive Lehr- und Lernwege auch kommunikativ, manchmal sogar spielerisch akzentuiert und wesentlich spielerische Methoden verfügen zugleich über eine produktive und kommunikative Funktion.

3.1 Kommunikative Methoden: Sprechmühle Partnerinterview / Partnerstreitgespräch / Gruppenstreitgespräch / Schneeballverfahren Blitzlicht / Redekette / Motorinspektion / Votum-Ei

Sprechmühle

Die Lehrkraft überlegt sich vorab zu einem Thema mehrere Aufgaben und ein rhythmisches Musikangebot. Die Stunde kann sofort mit der Sprechmühle beginnen oder diese folgt auf die Präsentation einer Quelle oder einer Problemstellung. Tische und Stühle werden an die Wände gerückt - unter Umständen schon kurz vor Stundenbeginn. Die Lernenden gehen auf der Freifläche schweigend spazieren wie auf einem Marktplatz. Musik untermalt die Szene. Die Lehrkraft stoppt die Musik, die Lernenden finden sich in Zweiergruppen zusammen (bei einer ungeraden Gesamtzahl kann eine Person die Aufgabe erhalten, die Lerngruppe zu beobachten). Mit einem Impuls - z. B.: Wer ist älter? Oder: Wer hat im Moment die bessere Stimmung? - wird geklärt, wer A bzw. B ist. *Die Lehrkraft stellt eine Aufgabe, A versucht diese Aufgabe in ein bis zwei Minuten zu beantworten, B muss schweigend zuhören. Auf ein akustisches Signal hin wechseln die Rollen: B antwortet auf die gleiche oder eine andere Aufgabe, A darf nur zuhören. Manchmal ist die Variante, dass beide miteinander ein Gespräch führen, sinnvoll - dann entfallen Rollenzuordnungen und Rollenwechsel, es sei denn, das Gespräch soll in vorgegebenen Rollen geführt werden. Eine andere Variante: A spricht zur Aufgabe, B hört schweigend zu. Anschließend wird B nach einem akustischen Signal aufgefordert, das Gesagte zusammenzufassen und ggf. zu korrigieren bzw. zu ergänzen. Vierte Variante: A soll sich eine Aufgabe - z. B. im Fach Mathematik zur Zinsrechnung - ausdenken, B muss sie dann in verständlich formulierten Sätzen lösen, A hört schweigend zu, gibt aber am Ende ein Feedback.* Mit dem Einsetzen der Musik lösen sich die Zweiergruppen auf, alle schlendern wieder herum - bis zum nächsten Musik-Stopp, der Bildung von neuen Zweiergruppen ...

Ein Lehramtsstudent hatte sich dazu entschieden, kreative Unterrichtsmethoden im Rahmen seines Schulpraktikums zu erproben. Eine Doppelstunde sah als Einstieg die Methode Sprechmühle vor, mit Fragen zum Irak-Krieg: Versuche zu erklären, warum es zum Angriff der USA und Großbritanniens auf den Irak gekommen ist. - Welche Auswirkungen hat der Krieg deiner Meinung nach für die Menschen im Irak? - Wie empfindest du die Filmberichte im Fernsehen zum Kriegsgeschehen?
In seinem Praktikumsbericht schreibt Christof B.:
Der von mir hospitierte Politik- und Geschichtsunterricht am Alten Gymnasium Oldenburg verlief durchweg nach dem traditionellen Muster des Frontalunterrichts. In der Regel begann der Unterricht mit einer kurzen Wiederholung des zuletzt Gelernten entweder durch Abfragen der Hausaufgabe oder durch die gezielte Befragung einer Schülerin oder eines Schülers. Insofern war ich wenig überrascht, dass mein Wunsch, die von mir durchgeführten Unterrichtsstunden mit kreativen Methoden anzureichern und damit für die Schülerinnen und Schüler abwechslungsreicher zu

gestalten, bei den Fachlehrern auf wenig Gegenliebe stieß. In den Vorbesprechungen über meine Stundenentwürfe hatte ich zum Teil große Schwierigkeiten, mit vom bekannten Unterricht abweichenden Methoden durchzudringen („Für solche Spiele ist keine Zeit." „Das endet in Klamauk." „Das kennen die Schüler nicht."). Umso überraschter war ich dann, als die für den Einstieg gewählte Sprechmühle bei den Schülerinnen und Schülern der 12. Klasse geradezu neugierig aufgegriffen wurde.

Die relativ strenge Vorgabe, dass sich in den jeweiligen Sprechphasen die Partnerin bzw. der Partner im aktiven Zuhören übt, war dabei zwar nicht immer durchzuhalten und einzelne Zweiergruppen zogen es offensichtlich vor, sich über private Themen auszutauschen. Insgesamt wurden meine in die Sprechmühle gesetzten Erwartungen aber bei weitem übertroffen. Die Schülerinnen und Schüler ließen sich in ihrer großen Mehrheit hierdurch stärker aktivieren und zu ersten Meinungsäußerungen motivieren, als dies durch einen frontalen Unterrichtseinstieg möglich gewesen wäre. Im Anschluss an die durch die Musikuntermalung und die körperliche Bewegung der Schülerinnen und Schüler zwangsläufig hervorgerufene Unruhe in der Klasse trat - zur Überraschung des Fachlehrers - eine Phase spürbarer Konzentriertheit und Ruhe ein. Die Neugierde in der Klasse auf das Thema war durch den gewählten Einstieg eindeutig geweckt und damit ein gutes Klima geschaffen für die anschließende Erarbeitungsphase.

In der anschließenden Besprechung des dreiminütigen Films „Die Kamera war dabei" bezogen sich die Schülerinnen und Schüler fast durchweg aufeinander und nahmen häufig Bezug zu Stellungnahmen während der Sprechmühle.

Voraussetzungen für die Sprechmühle sind, dass die Aufgaben - in der Regel Fragen - hinreichend Sprechanlässe schaffen und dass die Lernenden die Aufgaben aufgrund ihrer Lebenserfahrung oder ihres Vorwissens oder mit Hilfe einer zuvor präsentierten Quelle beantworten können, andernfalls wird aus der Sprechmühle eine Schweigemühle.

Die Auswertung der Sprechmühle kann unterschiedlich ausgerichtet werden: um einen Wissens- oder Meinungsaustausch zwischen den Zweiergruppen zu ermöglichen, um Streitfragen zu klären oder um zentrale Ergebnisse gemeinsam zu sichern. Häufig bietet es sich an, die Aufgaben in einem lehrergelenkten Gespräch - z. B. im Stuhlkreis - durchzuarbeiten. Die Frage: „Wie hat sich dein Gegenüber zu dieser Aufgabe geäußert?" ist ein geeigneter Impuls, um die Lernenden im Auswertungsgespräch zu aktivieren. Manchmal ist es angebracht, auf eine direkte Auswertung zu verzichten, da die Beiträge der Sprechmühle in die folgende Unterrichtsphase einfließen sollen.

Lernchancen

Diese Methode eignet sich für alle Fächer und für alle Altersstufen ab Klasse 2. Die Sprechmühle eröffnet Chancen der Reproduktion und Interpretation von Texten, der Meinungsbildung, der Suche nach mathematischen oder politischen Problemlösungen und viele Möglichkeiten für Übungsphasen – z. B. im Kopfrechnen oder im Formulieren und Verstehen von Sätzen in einer Fremdsprache. Die Methode Sprechmühle kann auch als Kennlernmethode eingesetzt werden, oder um am Ende einer Unterrichtseinheit eine Lernkontrolle bzw. ein Training für eine folgende Klassenarbeit durchzuführen. Diese Methode ist ein Weg, der jede Klasse zum Sprechen bringt. Die Lernenden trainieren zu sprechen und lernen zu schweigen und zuzuhören – das soziale Lernen erfährt neue Impulse. Eine ernsthafte Gefahr des Scheiterns gibt es nicht, der gruppendynamische Prozess trägt die Methode – dass einige nicht zum Thema sprechen, kann toleriert werden. Die Annahme, dass eine Lerngruppe sich verweigern könnte, ist abwegig. Die Musik, das Sichbewegen und die Partnersuche wirken gruppendynamisch belebend. Dem Herumschlendern kommt die Funktion zu, die Atmosphäre zu lockern und zu entspannen und ist deshalb häufig von schmunzelnden und lachenden Gesichtern begleitet. Fast jede unterrichtsmüde Klasse lässt sich über diese Methode neu motivieren und aktivieren! Die Lehrkraft kann in den Hintergrund treten und wird häufig überrascht sein, wie

Methode Sprechmühle

positiv anders sich Schülerinnen und Schüler verhalten – es ist Zeit vorhanden, sie in dieser Phase zu beobachten. ➤ **Bsp.** S. 8, 17, 59, 67, 78, 93, 96, 102, 107, 128, 134, 138, 144, 151, 161, 185, 188, 190

Partnerinterview / Partnerstreitgespräch / Gruppenstreitgespräch / Schneeballverfahren

Partnerinterview bedeutet, dass die Schüler/-innen zu zweit zusammensitzen und sich alle gleichzeitig in diesen Zweiergruppen gegenseitig und nacheinander über jeweils ca. 5 Minuten zu einem vorgegebenen Thema interviewen. Dieses Verfahren kann in allen Fächern zur Lernkontrolle erworbenen Wissens eingesetzt werden, z. B. auf der Basis gemeinsam erarbeiteter oder vorgegebener Fragen, die in jeder Zweiergruppe gleichmäßig aufgeteilt werden sollten. Die Methode kann auch zur Erschließung von Meinungen und Überzeugungen genutzt werden. Entweder gibt die Lehrkraft ein Thema oder eine Leitfrage (z. B.: Wie möchtest du in zehn Jahren leben?) mit gliedernden Unterfragen vor oder die Vorbereitung auf die folgenden Partnerinterviews erfolgt schriftlich in Einzelarbeit. Die zwei anschließend durchzuführenden Partnerinterviews können in der Regel stressarm und sinnvoll mit dem Tischnachbarn durchgeführt werden. Hilfreich ist eine Zeitvorgabe. Gruppen, die frühzeitig fertig sind, können aufgefordert werden, ihre Ergebnisse individuell mit kurzen Notizen festzuhalten. In vielen Fällen sollte im Plenum eine Auswertung erfolgen.

Methode Partnerstreitgespräch

Das *Partnerstreitgespräch* setzt voraus, dass gegensätzliche Positionen bereits in den Köpfen der Lernenden präsent sind oder vor dem Einsatz der Methode erarbeitet werden. Die Lernenden stehen sich zu zweit gegenüber, die Zwischenräume zum Gegenüber und den Nachbargruppen sollten jeweils etwa eine Armlänge betragen. Dass alle stehen sollen, ist gewollt, denn eine Position einnehmen und halten können, erfordert Standfestigkeit. In der Regel gibt die Lehrkraft das kontroverse Thema vor, z. B.: Wer nicht hören will, muss fühlen ↔ Gewalt ist kein Mittel einer guten Erziehung. Wer A ist, muss die erste Position argumentativ vertreten, wer B ist, die zweite. Polemik und eine lebendige Körpersprache sind erwünscht. Nach ca. 4 Minuten fordert ein akustisches Signal zum Rollenwechsel und zum Tauschen der Plätze auf. Jetzt sollen alle für die entgegengesetzte Position argumentieren. Eine Präsentation sowie ein Vergleich der Argumente sollte abschließend im Plenum erfolgen, für eine unterrichtliche Reflexion der Methode sind die folgenden Fragen interessant: Welche Position war leichter zu vertreten und warum? Inwieweit entstanden echte Streitgespräche?

Ein *Gruppenstreitgespräch* beginnt mit dem Angebot zweier entgegengesetzter Positionen, z. B.: Soll es für muslimische Lehrerinnen verboten oder erlaubt sein, im Unterricht an deutschen staatlichen Schulen ein Kopftuch zu tragen? Die Lernenden, die für ein Verbot sind, und diejenigen, die gegen ein Verbot sind, bilden je eine Gruppe. Wer sich nicht entscheiden kann, geht in die dritte Gruppe. Die drei Gruppen sollen sich mit klarem Abstand zueinander stehend im Raum positionieren. Die Mitglieder der dritten Gruppe werden aufgefordert, Fragen an die erste oder zweite Gruppe zu richten – mit dem Ziel individuell entscheidungsfähig zu werden. Wenn die Lehrkraft den Eindruck hat, dass hinreichend Fragen gestellt und beantwortet wurden, werden die Mitglieder der dritten Gruppe aufgefordert, sich individuell jener Gruppe zuzuordnen, der sie am ehesten zustimmen können. Anschließend führen die beiden Gruppen, die sich weiterhin im Raum gegenüberstehen – ggf. nach einer kurzen gruppeninternen Vorbereitung –, ein spontanes Streitgespräch, in dem jede Gruppe versuchen soll, die andere zu überzeugen. Die Gruppen sollten abwechselnd das Wort ergreifen, die Lehrkraft sollte nicht mitdiskutieren, ist aber verantwortlich, den richtigen Zeitpunkt für das Ende der Diskussion zu finden.

Das *Schneeballverfahren* setzt voraus, dass themenbezogen in der Klasse eine gewisse Meinungsvielfalt besteht. Die Methode erfordert eine ganze Stunde, es sei denn, die Phase der Vierergruppen wird übersprungen. Zunächst bearbeiten alle in Zweiergruppen eine Deutungsaufgabe (Was ist Nächstenliebe?) oder eine Aufgabe, die zu unterschiedlichen Stellungnahmen herausfordert (Wie kann verhindert werden, dass Drogenabhängige nach einer erfolgreichen Therapie wieder rück-

Aufgabe für Gruppen:

Sammeln Sie zunächst in Stichworten Argumente zu den folgenden Positionen:

- Kreative Unterrichtsmethoden sind eine große Chance auf dem Weg zu einem guten Unterricht.
- Die Verheißungen kreativer Unterrichtsmethoden sind eine pädagogische Illusion.

Führen Sie anschließend ein Partnerstreitgespräch.

fällig werden?). Ziel des ersten Schrittes ist es, sich in jeder Kleingruppe auf eine schriftlich festzuhaltende Antwort zu einigen. Anschließend sollen sich je zwei Kleingruppen zu einer gemeinsamen Gruppe finden. Wieder geht es um die gleiche Aufgabe und das Ziel heißt erneut: Einigt euch auf eine gemeinsame, schriftlich formulierte Position. Die Kontroversen, die in dieser Phase leicht entstehen, sind gewollt. Gefordert ist Streitkultur mit dem Ziel der Verständigung – aber wenn diese nicht gelingt, sollten verschiedene Positionen als Gruppenergebnis akzeptiert werden. In der letzten Phase bilden je zwei Gruppen eine Großgruppe. Überwiegend entstehen jetzt drei bis vier Gruppen, die zwischen acht und zehn Lernende umfassen. Wiederum stehen die Gruppen vor der gleichen Aufgabe. Die Positionen der Großgruppen sollten festgehalten werden, um die anschließende Präsentation und vergleichende Diskussion im Plenum zu erleichtern.

Lernchancen
Diese Methoden können in allen Fächern bereits ab Klasse 3 praktiziert werden, lediglich das Schneeballverfahren empfehle ich erst ab Klasse 5–6. Sie aktivieren alle verbal und gleichzeitig, die Lehrkraft tritt in den Hintergrund. Die kommunikative Kompetenz der Lernenden kann (auch in den Fremdsprachen) nachhaltig gefördert werden, insbesondere der Mut zum Sprechen, die Fähigkeit zu formulieren, gegensätzliche Positionen einzunehmen und zu streiten. Diese Methoden bieten konkrete Schritte auf dem langen Weg zur Mündigkeit. Themenbezogen verschaffen sie eine gemeinsame Erfahrung und eine gute Basis für anschließende Diskussionen oder Phasen der Stillarbeit. ➤ **Bsp.** S. 9, 61, 62, 67, 73, 78, 87, 109, 115, 116, 122, 125, 129, 134, 139, 144, 149, 177, 188, 190

Blitzlicht/Redekette/Motorinspektion/Votum-Ei

Hier geht es um methodische Angebote, die sich an die Lerngruppe und zugleich an jede einzelne Schülerin, jeden einzelnen Schüler richten – es sind Methoden für ein schülerzentriertes Plenum. Sie ermöglichen es allen, sich themenbezogen zu öffnen, sich persönlich einzubringen. Ich favorisiere vier Methoden: das Blitzlicht, die Redekette, die Motorinspektion und das Votum-Ei.

Das *Blitzlicht* ist der Versuch einer Momentaufnahme: Sie erhellt wie ein Blitz die Situation der Gruppe und zugleich individuelle Befindlichkeiten. In der Regel sitzen alle im Kreis, typische Impulse für ein Blitzlicht sind: Wie interessant ist für dich das Thema ...? Welche Meinung hast du zu diesem historischen Ereignis, Musikstil, Film, literarischen Text ...? Welche Frage hast du noch zu diesem Unterrichtsthema? Wie zufrieden/unzufrieden bist du mit dieser Unterrichtseinheit? ... oder Satzanfänge wie z. B.: ich möchte wissen ...; mich ärgert ... Der Aufforderung zum Sprechen sollte eine kurze Phase des Nachdenkens, des In-sich-hinein-Horchens vorangehen. Dann wird ein Gegenstand – ein Stein, ein kleiner Ball, eine Muschel ... – herumgereicht. Wer den Gegenstand in seinen Händen hält, hat das Recht – nicht die Pflicht – mit einigen Sätzen (möglichst in der Ich-Form) auf die konkrete Frage zu antworten bzw. den Satzanfang fortzuführen, die anderen haben in dieser Situation grundsätzlich kein Rederecht. Wer das Äußerungsangebot nicht wahrnehmen will, gibt den Gegenstand schweigend weiter. Manchmal kann es sinnvoll sein, nach der Hälfte des Durchgangs den Impuls zu wechseln, weil sich die Äußerungen zu sehr wiederholen. In der Blitzlicht-Phase sollte auch die Lehrkraft schweigen, keine Kommentare einstreuen. Nach Ablauf eines Rundgangs sollte sie spontan entscheiden, ob ein eigener Kommentar angebracht ist oder einige Äußerungen in einem lehrergelenkten Gespräch näher besprochen werden sollten.

Die *Redekette* ist dem Blitzlicht sehr verwandt: Alle sitzen im Kreis oder Rechteck, die Lehrkraft formuliert einen offenen Impuls, viele Lernende antworten nacheinander. Die Lehrkraft schweigt während der Redekette, kann aber im Anschluss einen Kommentar einbringen oder ein lehrergelenktes Gespräch über die Beiträge eröffnen. Die Differenz zum Blitzlicht besteht darin, dass das Rederecht nicht im Kreis herumgereicht wird, sondern die Lehrkraft die erste Schülerin bzw. den ersten Schüler aufruft und diese/r nach ihrer/seiner Antwort eine/n weitere/n auffordert, so dass nach und nach viele zu Wort kommen und zugleich entscheiden, an wen das Rederecht weitergegeben wird. Die Lernenden dürfen auch jene aufrufen, die sich nicht gemeldet haben. Die Regel, dass Mädchen und Jungen abwechselnd aufzurufen sind, kann sinnvoll sein. Zulässig ist ebenfalls, dass einige in einer Redekette mehrfach das Wort ergreifen und sich Äußerungen nicht auf den ursprünglichen Impuls der Lehrkraft, sondern unmittelbar auf Beiträge aus der Gruppe beziehen, so dass eine Diskussion entstehen kann. Über den richtigen Zeitpunkt, die Redekette zu beenden, entscheidet die Lehrkraft.

Die Redekette begünstigt eine angenehme Atmosphäre, da alle im Blickkontakt zueinander sind und sich während des Sprechens häufig der Gruppe zuwenden. Die Methode eröffnet eine schülerzentrierte Phase des Lernprozesses und schafft für die Lehrkraft eine stressarme Situation, in der sie sich ganz auf das Zuhören und ggf. das Anfertigen von Notizen beschränken kann. Immer wenn es um einen Erfahrungs- oder Meinungsaustausch gehen soll oder um die Suche nach einer mathematischen oder politischen Problemlösung, kann diese aktivierende Methode sinnvoll eingesetzt werden. Für den Erfolg ist entscheidend, dass der Ausgangsimpuls klar verständlich sowie hinreichend offen ist und dass die Regeln, die das Verfahren strukturieren, beachtet werden.

Für die Methode *Motorinspektion* (der Begriff Motor zielt symbolisch auf die innere Dynamik der Gruppe) ist es hilfreich, wenn zunächst alle im Kreis stehen. In die Mitte der freien Fläche wird ein konkret themenbezogener Gegenstand oder ein Stuhl als Symbol für ein Thema gelegt bzw. gestellt. Die Aufgabe zielt auf eine persönliche Stellungnahme – z. B. in Hinblick auf die Nähe/Distanz zum Thema, das Interesse/Desinteresse am Unterrichtsgegenstand, die Identifikation mit/Ablehnung einer Musik- oder Kunstrichtung, die Zustimmung zu/Zurückweisung einer religiösen oder politischen Überzeugung, die Zufriedenheit/Unzufriedenheit mit den eigenen Lernfortschritten oder dem Lernklima usw. Sie können auch zwei Stühle oder Gegenstände als Symbole für entgegengesetzte Haltungen (Interesse/Desinteresse, Zustimmung/Zurückweisung...) verwenden. In beiden Fällen werden alle aufgefordert, die für sie persönlich richtige Position symbolisch zu dokumentieren, indem sie stehend und schweigend auf der Freifläche einen bestimmten Platz einnehmen. Danach werden einige oder viele ermutigt, ihre im Raum gewählte Position in Worte zu fassen – bei sehr persönlichen Themen darf diese Anforderung verweigert werden. Ein zweiter Impuls kann folgen. Frage: Was müsste geschehen, um ein Mehr an Nähe oder Interesse oder Zufriedenheit ... zu finden, so dass die Position entsprechend verändert werden könnte?

Interessant ist auch die folgende Variante der Motorinspektion, manchmal am Anfang, manchmal in der Mitte, manchmal am Ende einer Unterrichtsseinheit. Ein Stuhl symbolisiert ein großes Wissen bzw. Verständnis zum Thema X, der andere Stuhl ein eher geringes Wissen/Verständnis. Auch bei dieser Variante werden zunächst alle aufgefordert, schweigend und stehend die individuell richtige Position einzunehmen. Dann wird die Wissensgruppe aufgefordert, spontan oder orientiert an Impulsen der Lehrkraft über das Thema zu informieren; oder die Gruppe mit geringem Wissen/Verständnis wird ermutigt, Fragen an die andere Gruppe zu stellen.

Das *Votum-Ei* hat als Ausgangspunkt ein an die Tafel gemaltes Spiegelei. Alle werden aufgefordert, bezogen auf eine bestimmte Fragestellung schweigend eine individuelle Wertung mit einem einzuzeichnenden Kreuz oder einem Klebepunkt abzugeben. Für ein mögliches Anfangsritual „Mein Wissen zum Thema“ kommen folgende Wertungen in Frage:

- Kreuz in das Gelbe vom Ei: umfangreiches Wissen;
- Kreuz auf die Grenze zwischen Gelb und Weiß: Basiswissen;
- Kreuz im weißen Bereich: geringes Wissen;
- Kreuz außerhalb der Eifläche: kein Wissen.

Für ein mögliches Schlussritual, z. B. „Zufriedenheit mit dem Unterricht" oder „Zufriedenheit mit meinen Lernfortschritten", können folgende Wertungen angeboten werden:

- Kreuz in das Gelbe vom Ei heißt: sehr zufrieden;
- Kreuz auf die Grenze zwischen Gelb und Weiß heißt: zufrieden;
- Kreuz im weißen Bereich heißt: weniger zufrieden;
- Kreuz außerhalb der Eifläche heißt: gar nicht zufrieden.

In der Phase des Ankreuzens empfiehlt es sich für die Lehrkraft - zumindest für die ersten Durchgänge - mit dem Rücken zur Tafel zu sitzen, so dass alle unbefangen ihr Kreuz machen können. Es kann sinnvoll sein, die Eifläche durch eine waagerecht verlaufende Linie in eine obere und eine untere Hälfte zu teilen und in jeder Hälfte zu einer anderen Fragestellung eine Rückmeldung der Lerngruppe einzuholen. Manchmal kann es auch reizvoll sein, zwei Ei-Bilder anzumalen und die Klasse aufzufordern, getrennt nach Geschlechtern Stellung zu nehmen - um z. B. zu klären, ob es hinsichtlich der Zufriedenheit mit dem Unterricht geschlechtsspezifische Unterschiede gibt. In vielen Fällen sollte eine offene Gesprächsphase folgen, in der alle die Chance haben, ihre Kreuze in Worte zu „übersetzen". Solch eine Aussprache ergibt häufig wichtige Impulse für die weitere Unterrichtsgestaltung.

Lernchancen

Die Methoden können in allen Fächern und ab Klasse 2 eingesetzt werden. Sie aktivieren alle, schlagen Brücken zwischen dem Ich und dem Thema, klären partiell die Befindlichkeit der Gruppe und stärken so die Pole Ich und Wir, geben ihnen Raum, Ausdruck und Beachtung. Zugleich sind sie eine Chance, die Reflexion über Unterricht zu fördern und damit der Entfaltung von Kritikfähigkeit eine unterrichtsalltägliche Perspektive zu eröffnen. Guter Unterricht in diesem Sinne benötigt Zeit zum Verweilen, Zeit zur Selbstreflexion. Er ist anders als jener, der durch den Stoff hetzt. Selbstreflexion und Kritikfähigkeit sind Bausteine einer Pädagogik, die die nachwachsende Generation bewusst zur Demokratie erziehen will. ➤ **Bsp.** S. 7, 61, 62, 67, 70, 78, 87, 91, 108, 113, 116, 131, 134, 139, 143, 144, 147, 152, 157, 159, 162, 174, 177, 184, 185, 187, 189, 191

3.2 Produktive Methoden:
Enträtseln – Ich-Texte/Identifikationskreis – Fantasiereise – Perspektivenwechsel – Schreibgespräch – 2-Minuten-Rede

Enträtseln

Die Methode Enträtseln setzt voraus, dass zunächst eine Bild- oder Textquelle verrätselt wird. Grundsätzlich sind drei, auch untereinander verknüpfbare Varianten möglich: *Eine Quelle kann verkürzt (z.B.: Weglassen der Überschrift, offenes Ende) bzw. lückenhaft gestaltet werden (Lückentext); die Anordnung der Elemente einer Quelle kann aufgelöst werden (Puzzle); eine Quelle kann gefälscht werden.*

Die Arbeit mit der Variante, eine verkürzte bzw. lückenhaft gestaltete Quelle zu enträtseln, ist in einigen Fächern, z.B. in Deutsch, sehr verbreitet, in anderen Fächern noch nicht. So kann es bei vielen Quellen sehr reizvoll sein, bei bestimmten Sätzen nur die Anfänge vorzugeben oder die zeitlichen und räumlichen Bezüge wegzulassen, so dass die Lernenden vor der kreativen Aufgabe stehen zu fantasieren, wo und wann ein bestimmtes Ereignis stattgefunden haben könnte.

Vielfältig sind die Möglichkeiten, die zu einem Puzzle führen: Die Anordnung der Bilder eines Comics oder einer Bildgeschichte, der Strophen eines Gedichts, der Abschnitte einer Kurzgeschichte oder eines Sachtextes, der Sätze eines Briefes, der Worte eines Zitats oder einer Rechenregel ... kann aufgelöst werden, so dass die Aufgabe zu bewältigen ist, die Quelle authentisch zu rekonstruieren. Werden zusätzlich bei einem Zitat die Satzzeichen weggelassen und alle Worte mit großen Buchstaben ausgedruckt, wird der Schwierigkeitsgrad noch ein Stück angehoben. Eine weitere Steigerung der Schwierigkeit kann dadurch erreicht werden, dass ein Wort durch einen Leerzettel ersetzt wird.

Aufgabe:

Rekonstruieren Sie eine von mir formulierte pädagogische These:

BRENNT | KANN | ZUFRIEDENHEIT | LEHRT | AUS

LEHRBERUF | _ _ _ _ _ _ _ * | NICHT | NUR | WER

IM | FINDEN | UND | LANGFRISTIG

* Wort mit 7 Buchstaben

Didaktisch reizvoll sind auch die Möglichkeiten, eine Quelle sinnvoll zu fälschen: falsche Raum- und Zeitangaben können eingearbeitet werden, die Überschrift und die Autorenangaben können manipuliert werden, einzelne sinntragende Formulierungen können abgeändert oder sogar in ihr Gegenteil verkehrt werden, Bilder oder musikalische Produktionen können am PC verfremdet werden, frei Erfundenes kann in der Absicht zu provozieren oder zu verwirren in eine Quelle integriert werden, Rechenwege können fehlerhaft gestaltet werden…

Die Methode Enträtseln kann in Einzelarbeit, Partnerarbeit und Gruppenarbeit durchgeführt werden. Wenn die Sozialformen Partnerarbeit oder Gruppenarbeit zur Anwendung kommen, kann die Intensität der Arbeit mit der Variante Puzzle noch gesteigert werden, und zwar durch folgende Spielregeln:

- Die Gruppe soll das Puzzle lösen, ohne zu sprechen. Für Gruppen, die nach einer hinreichenden Zeit nicht zum Erfolg gelangen, kann die Lehrkraft das Sprechverbot aufheben.
- Jedes Gruppenmitglied darf maximal drei Puzzleteile umlegen, dann ist das nächste Gruppenmitglied am Zug.

Methode Enträtseln (Puzzle)

Gruppen, die frühzeitig fertig sind, können zusätzlich eine Deutungs- oder Diskussionsaufgabe erhalten.

Lernchancen
Die Methode Enträtseln eignet sich ab Klasse 2 und für alle Fächer. Bei den Varianten Verkürzen und Puzzle ist die Aufgabe sofort sichtbar, die Variante Fälschung wird unter Umständen von den Lernenden nicht bemerkt, so dass die Lehrkraft zur richtigen Zeit die Manipulation zumindest andeuten muss. In allen Fällen sind die Schülerinnen und Schüler letztlich aufgefordert, sich in die Quelle hineinzudenken, um Fehler oder Widersprüche aufzuspüren, Lücken sinnvoll zu schließen oder den authentischen Aufbau einer Quelle zu rekonstruieren. Intensive Auseinandersetzung mit der Sache, intellektuelle Anstrengung, Aktivierung von Fantasie, produktive Tätigkeit und Spaß am Lernen fallen hier zusammen. Soweit gepuzzelt wird, kommt auch das spielerische Moment nicht zu kurz. Wenn die Variante Puzzle in Gruppenarbeit erfolgt und ergänzend die benannten Spielregeln eingeführt werden, ergibt sich auch eine Chance, das soziale Lernen und die Teamfähigkeit zu fördern – zugleich kann die Stille in der Arbeitsphase als wohltuender Kontrast zu einem ansonsten verbal dominierten Unterricht erfahren werden. Soweit mit der Variante Fälschung gearbeitet wird, wird zugleich das sorgfältige Lesen und kritische Hinterfragen von Quellen trainiert. Gedrucktes muss nicht wahr sein! Wird nach der Enträtselung die Originalquelle in den Mittelpunkt gerückt, ist für das Verständnis der Quelle bereits Wesentliches geleistet. ➤ **Bsp.** S. 7, 67, 70, 73, 76, 84, 85, 99, 109, 116, 121, 138, 155, 156, 174, 184, 187, 192

Ich-Texte / Identifikationskreis

Ich-Texte bedeuten: Die Lernenden gehen innerlich in eine Rolle hinein, die ihnen in der Regel über eine Text- oder Bildquelle präsentiert oder zumindest angedeutet wird, und versuchen aus der Sicht der übernommenen Rolle – häufig noch orientiert an zusätzlichen didaktischen Gesichtspunkten – eine Botschaft in der Ich-Form zu schreiben oder – in bestimmten Fällen – mündlich zu formulieren.

Ein Foto einer Gruppe von behinderten Menschen kann z. B. zu der Aufgabe führen: Wähle aus der Gruppe eine Person aus, die dich am ehesten anspricht. Beschreibe in der Ich-Form einen möglichen Tagesablauf der gewählten Person.

Eine Reportage über den Alltag von Juden in Deutschland kann in den Arbeitsauftrag umgesetzt werden: Schreibe im Namen der jüdischen Frau, die dir in der Reportage begegnet ist, einen Brief an ihre Freundin in Israel, einen Brief, der ihre Gedanken und Gefühle, ihre Probleme und Fantasien deutlich macht.

> Zu dem Gedicht „Was man so sagt“ (Text s. S. 5–6) wurde im Deutschunterricht die Aufgabe gestellt: Stell dir vor, du bist die Drogenabhängige und liegst tot im Grab. Du hast trotzdem noch einmal die Möglichkeit, zu allen zu sprechen. Was möchtest du den am Grab Stehenden noch sagen?
>
> Anja – 16 Jahre alt – schrieb:
>
> *... eure heuchlerische Trauer könnt ihr euch sonst wohin schieben ... noch nicht einmal jetzt, wo du am Grab deiner Tochter stehst, kannst du weinen, Vater ... das ist echt traurig ... du und deine Scheißdisziplin ... hast mir die Kindheit geraubt ... warum rege ich mich überhaupt noch auf? ... falle doch jetzt keinem mehr zur Last ... mein Schmerz hat auch endlich ein Ende.*

Manchmal kann es sinnvoll sein, einfach im Stuhlkreis zu sitzen und alle aufzufordern, innerlich eine bestimmte Rolle einzunehmen und diese in der Fantasie zu gestalten (Stellt euch vor, ihr seid ...). Der Erfolg dieser Vorgehensweise hängt sehr von der Bereitschaft ab, sich anschließend mündlich mitzuteilen, setzt folglich ein gewisses Maß an wechselseitigem Vertrauen in der Gruppe voraus.

Entscheidend für die Wahl der Methode Ich-Texte ist, dass das als Ausgangspunkt gewählte Thema bzw. die das Thema konkretisierende Quelle Lebenssituationen oder Handlungsweisen aufgreift, das heißt biographisch akzentuiert ist. Nicht erforderlich ist, dass die Person, die zur Textproduktion herausfordern soll, von vornherein im Mittelpunkt steht. Im Gegenteil: Es gehört geradezu zu den Chancen dieses Verfahrens, Personen, die nur am Rande erwähnt werden, in den Vordergrund zu rücken. So kann es z. B. reizvoll sein, eine Quelle, in der es fast ausschließlich um Männer geht, durch die Produktion von Ich-Texten zu ergänzen, die von einer weiblichen Nebenfigur ausgehen. Insgesamt eröffnen Ich-Texte in vielfältiger Weise Chancen, Leerstellen literarischer, historischer, politischer oder religiöser Quellen zu schließen: So kann es Sinn machen, Motive oder Wünsche oder Ängste handelnder Personen, Handlungsabläufe oder mögliche Nebenhandlungen oder Handlungsalternativen oder Zeit-Sprünge (Rückblicke in die Vergangenheit oder Ausblicke in eine mögliche oder gewünschte oder befürchtete Zukunft) in der Ich-Form zu entwerfen. Im Kunst- und Musikunterricht können die Schüler/-innen aufgefordert werden, sich in die Rolle eines Künstlers bzw. einer Künstlerin zu versetzen, um sich in dieser Rolle – ggf. unter Beachtung didaktischer Vorgaben – zu äußern.

Methode Identifikationskreis: L. erklärt, dass der Stuhl die Möglichkeit der Darstellung bietet

Eine verwandte Methode ist der *Identifikationskreis*. Im Stuhlkreis – im Notfall in einer frontalen Sitzordnung – wird eine Quelle gelesen – z.B. eine Kurzgeschichte, ein Zeitungsartikel oder eine biblische Geschichte. Vielleicht werden vorab einige Informationen gegeben, vielleicht werden anschließend einige Verständnisfragen geklärt. Dann werden alle aufgefordert, sich eine im Text handelnde oder zumindest erwähnte Person auszusuchen, in deren Ich zu schlüpfen und diese Rolle innerlich auszumalen. Nach einer gewissen Zeit der inneren Reflexion können sich einige freiwillig und nacheinander auf einen leeren Stuhl setzen und darstellen: wer sie sind, wie sie sich fühlen, wie sie die anderen Personen sehen ... Anschließend können alle – auch die Lehrkraft – Fragen an die präsentierte Figur richten.

Es erfordert Mut, sich in einer gewählten Rolle zu outen – insbesondere, wenn die Klasse mit der Methode noch nicht vertraut ist. Als Lehrkraft muss man Geduld aufbringen, bis der leere Stuhl, den man in seiner Symbolkraft nicht unterschätzen sollte, zum ersten Mal besetzt wird. Kurze, verbal ermutigende Äußerungen können die Phase des Wartens auflockern. Die Frage, wer welche Rolle gewählt hat, kann den Einstieg in die individuelle Präsentation erleichtern. Unter Umständen kann es hilfreich sein, wenn sich die Lehrkraft als Erste auf den freien Stuhl setzt und eine Rolle vorspielt – allerdings kann eine sehr überzeugende Darstellung auch entmutigend wirken. Sollte es nicht erreichbar sein, dass sich einige freiwillig exponieren, können alternativ alle aufgefordert werden, ihre rollenbezogenen Fantasien schriftlich als Ich-Text auszuarbeiten.

Bei der Auswertung von Ich-Texten ist es zunächst interessant, die Unterschiedlichkeit der in der Regel in Einzelarbeit verfassten Produkte sichtbar zu machen. Soweit mit dem Identifikationskreis gearbeitet wird, kommt es im Gespräch darauf an, dass die unterschiedlichen Rollenentwürfe von der Gruppe toleriert werden und zugleich kritisch gefragt wird, inwieweit die rollenbezogenen Fantasien plausibel sind. Auch für die Reflexion der schriftlich verfassten Ich-Texte ist die Frage wesentlich, inwieweit die Fantasien der Lernenden schlüssig zum Kontext der zu Grunde liegenden Quelle bzw. der thematisierten Realität passen.

Lernchancen

Mit diesen Methoden kann bereits in dritten und vierten Klassen gearbeitet werden. Das Ich des Einzelnen ist gefordert, sich zu öffnen, eine andere Rolle anzunehmen. Diese Methoden verlangen, sich einzufühlen und häufig auch mitzufühlen. Sie fördern Empathie, Fantasie und den Mut, sich zu präsentieren. Die Methoden vertiefen und erweitern die Auseinandersetzung mit Themen bzw. Quellen, soweit diese die Befindlichkeit und das Handeln von Menschen aufgreifen. Zugleich entsteht eine breite Palette sprachlicher Produktionen, die nicht selten als kreativ bewertet werden können und für eine zielgerichtete Weiterarbeit viele Anknüpfungspunkte schaffen, zwangsläufig auch die Nähe zwischen dem Ich und dem Thema vertiefen. Ein positiver Nebeneffekt dieser Methoden ist das Training des schriftlichen und mündlichen Ausdrucksvermögens und – im Fall des Identifikationskreises – des Sichpositionierens. Diese Methode sollte aber nur eingesetzt werden, wenn in der Lerngruppe und zwischen den Lernenden und der Lehrkraft ein hinreichendes Maß an Offenheit und Vertrauen besteht. ➤ **Bsp.** S. 7, 8, 29, 60, 67, 72, 78, 87, 92, 100, 101, 107, 116, 129, 138, 142, 149, 162, 175, 188, 192

Aufgabe:

Stellen Sie sich vor, Sie sind Schüler bzw. Schülerin einer 9. Realschulklasse und erleben, dass im Deutsch-, Sozialkunde-, Geschichts- und Religionsunterricht regelmäßig kreative Unterrichtsmethoden eingesetzt werden, Methoden, die Sie bislang nicht kannten. Formulieren Sie in dieser Rolle Tagebuch-Notizen über den Unterrichtsalltag.

Fantasiereise

Die Fantasiereise wird hier ausschließlich als eine inhaltsbezogene Unterrichtsmethode gesehen, um konkrete Geschehnisse in der Fantasie nachzuerleben und auszugestalten.

Am Anfang steht eine kurze Konzentrationsphase: Alle Lernenden schließen möglichst die Augen und sitzen – begleitet von ruhiger Instrumentalmusik – so entspannt wie möglich. Hilfreich ist ein Schild vor der Tür: *Bitte nicht stören*. Abraten möchte ich von einer Verdunkelung des Raumes, dem Einsatz von körperbezogenen Entspannungsübungen sowie der Aufforderung sich auf Wolldecken zu legen – um jede unnötige Verfremdung der Unterrichtssituation zu vermeiden.

Nach ca. 30 Sekunden trägt die Lehrkraft langsam und mit kleinen Pausen den Text einer Fantasiereise vor, z. B.: *Stell dir vor, deine Beine sind gelähmt ... Du sitzt überwiegend im Rollstuhl ... Fantasiere den Ablauf eines Tages ...* Die Hintergrundmusik sollte in dieser Phase leise weiterlaufen.

Methode Fantasiereise

Die klassische Variante geht wie folgt weiter: *Nach einer angemessenen Zeit kündigt die Lehrkraft das Ende der Fantasiereise an, bittet darum, langsam wieder bewusst in den Klassenraum zurückzufinden und die Augen zu öffnen. Die Musik wird abgeschaltet und die Lernenden werden ermutigt, im Plenum oder in Kleingruppen ihre inneren Erlebnisse auszutauschen. Leitfrage: Was habt ihr im Einzelnen erlebt, gefühlt, gedacht?* Realistisch sollte man bei dieser Variante einplanen, dass es immer nur einem Teil der Lerngruppe gelingt, sich durchgehend auf die Stimme der Lehrkraft zu konzentrieren, die Situation im Klassenzimmer zu vergessen, dem Text mit inneren Bildern und eigenen Gefühlen zu folgen und den offenen Schluss mit eigener Fantasie auszugestalten. Folglich sollte man in der Plenumsphase zufrieden sein, wenn einige Erlebtes mitteilen können und wollen.

Erfolgreicher ist nach meinen Erfahrungen die folgende Vorgehensweise: *Alle entscheiden individuell, wann ihre Fantasiereise zu Ende ist, öffnen zur subjektiv richtigen Zeit die Augen, greifen zum bereitgelegten Stift, um das in der Fantasie bereits Erlebte oder in der jetzigen Schreibsituation Fantasierbare in der Ich-Form und im Indikativ aufzuschreiben, während die Hintergrundmusik weiterläuft.*

Wiebke Reinhold beschreibt diese Variante sehr präzise: *„Einige beenden die Fantasiereise sehr schnell, öffnen ihre Augen und beginnen zu schreiben. Sie schreiben allerdings immer nur kurz und machen dann eine Pause, in der sie - meiner Einschätzung nach - sich den weiteren Verlauf der Geschichte überlegen und anschließend weiterschreiben. Die Pausen wiederholen sich mehrmals. Es gibt andere Kinder, die wesentlich länger in ihrer Fantasie verweilen und ihre Augen erst sehr viel später öffnen. Diese Kinder schreiben dann nahezu ununterbrochen ihre Geschichte auf. Ich vermute, dass es ihnen besser gelang, sich auf die gelenkte Fantasiereise einzulassen, sich einzufühlen und die Geschichte in ihrer Fantasie auszumalen. Jedoch zeigen die verfassten Texte, dass es auch den zuvor beschriebenen Kindern gelingt, sich einzufühlen und kreative und schlüssige Texte zu verfassen."* (s. S. 147–149)

Dieses Zitat aus einer Examensarbeit verdeutlicht, dass die individuelle Variante eine zweite Chance eröffnet: Wer in der gelenkten Fantasiereise Schwierigkeiten hatte, kann seine Fantasie in der freien Schreibsituation noch einmal neu aktivieren und auf diesem Weg zu einem produktiven Ergebnis gelangen. Selbstverständlich gilt auch für diese Variante, dass in der Regel eine Präsentation geschriebener Texte im Plenum oder in Kleingruppen folgen sollte.

Die Fantasiereise kann als Einstieg in ein neues Thema eingesetzt werden - auch einführen in das Leben eines Mathematikers oder Künstlers –, aber ebenso, um die Auseinandersetzung mit einem Thema bzw. konkreten Quellen zu vertiefen. Der Text kann kurz und offen formuliert sein und damit der Fantasie der Zuhörenden viel Raum geben. Der Text kann auch relativ umfangreich und sehr detailliert gestaltet sein, so dass die Fantasie der Lernenden einer sehr starken Lenkung unterliegt; aber in der Regel sollte der Text mit einem offenen Schluss enden.

Wenn im Fach Geschichte das Zeitalter der Industrialisierung zum Thema wird, kann auch die Kinderarbeit im 19. Jahrhundert bearbeitet werden, auf der Basis historischer Quellen und in Verbindung mit der folgenden Fantasiereise:

In deinem Kopf machst du jetzt eine kleine Zeitreise. Ab jetzt bist du nicht mehr ein(e) Schüler(in) in Deutschland, sondern ein(e) 14 Jahre alte(r) Jugendliche(r) im Jahre 1845. Du lebst in England

und heißt Tim oder Tina. Du darfst nicht zur Schule gehen, sondern musst den ganzen Tag schwer in einem Bergwerk arbeiten …
Im Moment ist es 12 Uhr Mittag. Draußen, Übertage, scheint die Sonne und die Vögel zwitschern, aber du bist in einem Bergwerkstollen tief unter der Erde. Um dich herum ist es fast völlig dunkel, nur das spärliche Licht einiger Petroleumlampen verrät dir schemenhaft, wie der Stollen aussieht. Die Luft ist stickig und feucht. Von der Decke und den Wänden tropft das Wasser und auf dem Boden bilden sich große Wasserpfützen. Deshalb sind deine Schuhe und Socken völlig durchnässt. Dir ist unerträglich heiß und der Schweiß rinnt dir am ganzen Körper entlang. Mit einer großen, schweren Spitzhacke haust du das Gestein los. Steinsplitter lösen sich. Du musst husten, weil du den Steinstaub einatmest. An den Händen hast du vom vielen Schlagen schon wunde Stellen, die bei jedem neuen Schlag fürchterlich brennen. Außerdem tut dir der Rücken weh, weil du die ganze Zeit gebückt im niedrigen Stollen stehen musst …
Du hast nun 12 Stunden ohne Pause im Stollen gearbeitet. Endlich sagt dir dein Vorarbeiter, dass für heute Schluss wäre. Erleichtert atmest du auf, als du wieder die Erdoberfläche erreichst. Oben angekommen atmest du tief die frische Luft ein. Es ist Abend und die letzten Sonnenstrahlen wärmen dein Gesicht …
Überlege, wie der Tag für dich zu Ende geht. Verweile in deinen Gedanken, Gefühlen und Fantasien …

Lernchancen

Die Fantasiereise schafft eine Phase der Ruhe, Nähe zum Thema, subjektive Zugänge, sie fordert Empathie und Fantasie. Sie ist eine klassisch kreative Methode, die im konkreten Anwendungsfall experimentellen Charakter hat. Die Fantasiereise ist ein Versuch, den traditionell verkopften Unterricht auszugleichen, dem Unbewussten, dem Gefühl, der Intuition im Sinne eines ganzheitlichen Unterrichts mehr Raum zu geben. Die Methode, die ab Klasse 3 ihre Berechtigung hat, erfordert Lehrkräfte, die es aushalten können, nicht zu wissen, was in den Köpfen und Seelen der Lernenden geschieht. ➤ **Bsp.** S. 8, 33, 64, 66, 86, 106, 122, 139, 147, 192

Perspektivenwechsel

Die Methode Perspektivenwechsel könnte im schulischen Alltag noch konsequenter genutzt werden. Ich sehe drei Varianten, für grundlegend halte ich die folgende: Bei zahlreichen Quellen geisteswissenschaftlicher Fächer ist es reizvoll, *die jeweilige Quelle aus der Sicht einer bestimmten Figur ganz oder teilweise neu zu entwerfen* – z. B. aus der Sicht einer Figur, die nur am Rande erwähnt wird oder ausgedacht ist, oder aus der Perspektive von Betroffenen oder eines Kritikers ...

Eine klassische Variante der Methode Perspektivenwechsel ist die *Produktion der Gegensicht:* ein pessimistisches Zukunftsgedicht optimistisch umschreiben, eine frauenfeindliche Karikatur emanzipatorisch verändern usw.

Gegenentwurf zur ersten Strophe des Gedichts „Was man so sagt“

Eine andere, vielfältig einsetzbare Variante besteht in der *Anforderung, Schülerinnen und Schüler eine zuvor erfasste Quelle aus der Sicht der eigenen Überzeugung oder eigener Erfahrungen neu gestalten zu lassen.*

Voraussetzung für neue Entwürfe ist generell, dass die Originalquelle in ihren Grundzügen verstanden wurde. Eine kommunikative Situation ist hilfreich, um eine Quelle aus einer anderen Perspektive neu zu entwerfen – insofern sind die Sozialformen Partnerarbeit und Gruppenarbeit in vielen Situationen der Einzelarbeit vorzuziehen.

Lernchancen

Diese Methode, die ich in Anbetracht ihres hohen kognitiven Anspruchsniveaus erst ab Klasse 5–6 empfehlen möchte, unterstützt die Aneignung von muttersprachlicher und fremdsprachlicher Kompetenz, die präzise

Ausarbeitung von Standpunkten und bestärkt das schöpferische Moment des Fachunterrichts. Die Wahrnehmung und vergleichende Reflexion von Originalquelle und neuen Entwürfen fördert die Einsichten, dass Quellen eine Frage der Perspektive sind, dass es die eine Wahrheit nicht gibt, dass verschiedene Standpunkte und Perspektiven ihre Berechtigung haben. Insofern erzieht diese produktive Methode letztlich zu einer pluralistischen und damit demokratischen Grundhaltung, ohne dass man als Lehrkraft gezwungen ist, in dieser Erziehungsfrage eine belehrende Rolle einzunehmen. ➤ **Bsp.** S. 8, 62, 65, 72, 96, 114, 116, 143, 175, 188, 192

Schreibgespräch

Die Grundform des Schreibgespräches ist ein *schriftlicher Dialog*: Die Lernenden kommunizieren in Zweiergruppen schriftlich und schweigend miteinander, um:
- zu einem vorgegebenen Thema Stichworte und/oder Fragen zu sammeln (in Geografie z. B., was sie mitnehmen würden, wenn sie eine Nacht in der Wüste verbringen müssten);
- eine mathematische Problemlösung zu suchen oder eine Geschichte weiterzuschreiben – z. B. ausgehend vom ersten Absatz der Kurzgeschichte „Das Brot“ (vgl. S. 74–75);
- einen Meinungsaustausch zu führen. Viele Themen sind denkbar: meine Meinung zum Thema „Gewalt“ oder „Nächstenliebe“ ...; meine Interpretation einer literarischen, historischen, religiösen Quelle ...; meine Stellungnahme zu einem berühmten Bild, zu einem bestimmten Musikstil, zu einer tagespolitischen Streitfrage ...

Zum Ablauf: Je zwei Lernende sitzen nebeneinander – bei einer ungeraden Gesamtzahl kann eine Dreiergruppe gebildet werden –, zwischen ihnen liegt ein großes Blatt Papier. Das Thema steht entweder an der Tafel oder es wird auf dem ausgegebenen Blatt von den Lernenden notiert. Die Arbeitsanweisung lautet im Prinzip: Schreibt abwechselnd und schweigend zum Thema und nehmt dabei aufeinander Bezug. Schreibt leserlich, ggf. könnt ihr die Rückseite benutzen. Soweit es um einen Meinungsaustausch geht, ist die Vorgabe hilfreich, dass alle abwechselnd nicht mehr als jeweils ein bis zwei Sätze schreiben. Die Lernenden können in zwei Spalten nebeneinander schreiben oder in zwei verschiedenen Farben untereinander. Solche Dialoge können nur gelingen, wenn die Lernenden hinreichend über Erfahrungen, Wissen, Fantasien oder intellektuelle Haltungen verfügen.

Eine besondere Variante ist das *rollenbezogene Schreibgespräch*. Die Zweiergruppen übernehmen vorgegebene Rollen – z. B. die von Frau und Herrn Zeiger (vgl. „Mit fünfzig weg vom Fenster“, S. 111) – und führen schweigend einen schriftlichen Dialog – in den Rollen von Frau und Herrn Zeiger z. B. zum Thema: „Wie soll es weitergehen?“

Wenn sich abzeichnet, dass viele Paare fertig sind, sollte die Lehrkraft die produktive Phase mit einer eindeutigen Anweisung beenden, z. B.: „Schreibt den gerade angefangenen Satz zu Ende und legt eure Schreibstifte nieder.“

Anschließend werden die produzierten Texte präsentiert und reflektiert. Die gesammelten Stichworte bzw. Fragen können in einer gemeinsamen Liste nach bestimmten Gliederungspunkten zusammengefasst werden. Möglichst viele fantasierte Geschichten sollten vorgelesen und gewürdigt werden. Mehrere Ergebnisse des dialogisch geführten Meinungsaustausches sollten mit verteilten Rollen vorgelesen und unter bestimmten Gesichtspunkten diskutiert werden. Die Ergebnisse lassen sich auch in eine systematische Darstellung verschiedener Positionen überführen. Von Zeit zu Zeit ist es sinnvoll, alle Schreibgespräche zu einem Thema im Klassenraum aufzuhängen oder mit dem Ziel der Leistungsbeurteilung einzusammeln.

Wenn eine Lerngruppe mit der dialogischen Grundform des Schreibgespräches vertraut ist, kann diese Methode auch in Gruppen mit vier bis sechs Lernenden realisiert werden, um einen Meinungsaustausch zu gestalten. Für die *Gruppenvariante des Schreibgespräches* sehe ich zwei Möglichkeiten der Gestaltung:

1. Auf den Gruppentischen liegt eine Problemstellung, eine herausfordernde Frage, eine provokante Aussage oder ein Kurztext aus. Die Kleingruppen können dasselbe oder verschiedene Themen erhalten. Alle Gruppenmitglieder sollen zunächst auf ihrem DIN-A3-Bogen schweigend ihre Meinung notieren. Anschließend gehen die Lernenden um ihren oder um alle Gruppentische herum und sollen die Beiträge der anderen schriftlich und schweigend kommentieren und/oder ergänzen. Dieses schweigende Pendeln zwischen Wahrnehmen, Schreiben und Sichbewegen kann sehr intensiv erlebt werden. Leise Instrumentalmusik kann in dieser Phase einen akustisch und psychologisch sinnvollen Hintergrund schaffen. Die Lehrkraft muss entscheiden, wann alle an ihren Gruppentisch zurückkehren sollen.
2. Manchmal kann es reizvoll sein, bewusst Vierergruppen zu bilden, die Lernenden an den vier Seiten eines Tisches Platz nehmen zu lassen, in die Mitte des Tisches zwei miteinander verbundene DIN-A3-Bögen zu legen und die gesamte Fläche durch zwei Diagonale in vier Sektoren aufzuteilen, so dass alle zunächst ihre Meinung – z. B. zu einer mathematischen Problemstellung – in ihren Sektor schreiben können. Anschließend wird die Schreibfläche nach und nach um 90 Grad gedreht, so dass die Lernenden ihre Kommentare bzw. ihre Ergän-

zungen zu den vorliegenden Meinungsäußerungen eintragen können, ohne ihren Platz verlassen zu müssen. Wenn die Schreibfläche um 360 Grad gedreht wurde, haben wieder alle jenen Sektor vor sich liegen, in dem sie ihre erste Meinungsäußerung niedergeschrieben haben und können einen abschließenden Kommentar formulieren.

Am Ende mündet die Gruppenvariante des Schreibgespräches in jedem Fall in eine freie Gesprächsphase in den Gruppen, abschließend sollte eine Besprechung im Plenum stattfinden.

Lernchancen
Diese Methode kann bereits ab Klasse 3 in allen Fächern eingesetzt werden und ermutigt insbesondere jene, die sich im Plenum nicht trauen, aktiv mitzuarbeiten. Das Schreibgespräch aktiviert alle gleichzeitig, fördert die Kommunikationsfähigkeit, die Empathie, die Fantasie und das gemeinsame Arbeiten in Kleingruppen. Die Kultur der Stille ist eine verbindliche positive Rahmenbedingung, die es zunächst einmal ermöglicht in aller Ruhe zu denken, konzentriert und unbeeinflusst zu formulieren und darüber hinaus Chancen auf eine intensive Interaktion in der Schreibsituation eröffnet. Die Methode eignet sich als Stundeneinstieg, für eine spätere Erarbeitungsphase und auch im Kontext einer abschließenden Erörterung. ➤ **Bsp.** S. 62, 71, 78, 87, 93, 94, 102, 139, 142, 153, 162, 175, 188, 191, 193

2-Minuten-Rede

Die 2-Minuten-Rede ist von der Vorbereitung bis zum Feedback ein spannender Prozess und vielfältig anwendbar: Die Interpretation einer Quelle oder eines Kunstwerks unter einer bestimmten Fragestellung, die Stellungnahme zu einem Problem, die Zusammenfassung von Informationen zu einem Teilthema, der Lebensweg einer historischen Persönlichkeit oder eines Naturwissenschaftlers oder einer Schriftstellerin, Ausschnitte einer Erkundung, der Lösungsweg für ein mathematisches Problem ... können als 2-Minuten-Rede präsentiert werden. Die präzise, didaktisch gewollte Zeitvorgabe erfordert, die wesentlichen Botschaften in klaren, kurzen, schlüssig aufeinander aufbauenden Sätzen zu formulieren. In der Praxis dieser Methode dominieren schülerzentrierte Aktivitäten, so dass sich die Lehrkraft weitgehend auf eine moderierende Rolle zurückziehen kann.

Die Grundform lautet: *Mehrere Schüler/-innen halten nacheinander eine vorbereitete Kurzrede zu einem Thema oder zu verschiedenen Themen bzw. Teilthemen.* Eine Variante ergibt sich, *wenn mehrere 2-Minuten-Reden in übernommenen Rollen präsentiert werden* – z.B. in der

Rolle einer Schriftstellerin oder eines Philosophen oder von Repräsentanten verschiedener Parteien oder Religionen.

Die Lehrkraft sollte vor jeder Anwendung dieser Methode entscheiden, ob die Inhaltsebene oder der persönliche Auftritt im Mittelpunkt der Vorbereitung und Reflexion stehen soll.

Die Vorbereitung von 2-Minuten-Reden kann im Unterricht in Kleingruppen über einen Zeitraum von 20 bis 30 Minuten oder als Hausaufgabe erfolgen. Eine besondere Variante ergibt sich, *wenn nur ein(e) Schüler/-in den Arbeitsauftrag erhält, den Einstieg in eine Stunde in der Form einer 2-Minuten-Rede vorzubereiten.* Die erste Vorbereitung solcher Kurzreden erfordert häufig mehr Zeit, mit zunehmender Routine fällt die Vorbereitungszeit deutlich ab. Hilfreich sind generell die folgenden Hinweise:

- Der erste und letzte Satz sollten im Wortlaut ausformuliert werden.
- Alle anderen Sätze – kurz und verständlich – sollten im Interesse einer freien Rede nur in Stichworten aufgeschrieben werden.
- Der einleitende Satz, der Neugierde oder Betroffenheit provozieren sollte, die folgenden Stichworte und der Schlusssatz, der im Idealfall alle Aussagen bündelt oder die Kernbotschaft noch einmal pointiert hervorhebt, sollten auf einer DIN-A5-Karte festgehalten werden.
- Soweit die Reden in Kleingruppen entworfen werden, empfehle ich Dreiergruppen. Die Entscheidung, wer die Rede hält, sollte möglichst spät fallen (z. B. über ein Losverfahren).
- Wurden bereits einige positive Erfahrungen mit dieser Methode gesammelt, können ausgewählte weitere Ansprüche bei der Vergabe der Aufgabe mit benannt werden, z. B.: der logische Aufbau einer guten Rede oder die bewusste Gestaltung von Mimik und Gestik ...

2-Minuten-Reden sollten stehend gehalten werden. Es ist die Aufgabe der Lehrkraft vor Beginn einer Rede für Ruhe zu sorgen und ggf. einige Beurteilungskriterien als Beobachtungsaufträge zu vergeben. Manchmal ist es interessant, das Publikum aufzufordern, während der Rede Nachfragen zum Inhalt zu notieren oder die Rede zu filmen. Das Lampenfieber zu Beginn der Präsentation ist als eine normale Begleiterscheinung zu akzeptieren, aber ein häufiger Blickkontakt zur Klasse ist trotzdem wünschenswert. Ein(e) Schüler/-in kann die Redezeit stoppen, Annäherungswerte sollten bereits als Erfolg gelten.

Die Zuhörenden sollten ein kurzes, zunächst positives Feedback geben. Kritische Rückmeldungen müssen der Belastungsgrenze des Redners/der Rednerin Rechnung tragen. Folgende, von Zeit zu Zeit variierbare Kriterien der Beurteilung kommen in Betracht: die einfache, verständliche und anschauliche Sprache – der logische Aufbau (der rote Faden) – die Qualität der Argumente, Beispiele oder Regelsätze – die sachliche und sprachliche Richtigkeit – das Sprechtempo, die Betonung und der Einsatz kurzer Sprech-(Denk-)Pausen – die Glaubwürdigkeit und Überzeugungskraft einer Rede – Mimik und Gestik – die Wirkung des ersten und letzten Satzes ... Ich empfehle, in jeder Feedbackphase nur einige Kriterien anzuwenden, aber sachliche Fehler sind selbstverständlich zu korrigieren. Gelingt es, diese Methode alltäglich werden zu lassen, wird die Motivation der Lehrkraft, eigene Vorträge zu verbessern, gestärkt.

Lernchancen
Diese Methode kann ab Klasse 5 in allen Fächern Anwendung finden, in den Fremdsprachen allerdings erst ab dem dritten Unterrichtsjahr. Sie fördert Teamfähigkeit, sprachliche Kompetenz, die Befähigung zur freien Rede und zur Präsentation, die Fremd- und Selbstwahrnehmung und ein selbstbewusstes Auftreten. Auf der Inhaltsebene sind Kurzreden hilfreich zur Wissensvermittlung, um Lernergebnisse zu sichern oder den Erfolg von Lernprozessen zu überprüfen und nicht selten nützlich zur Vorbereitung auf mündliche Prüfungen und komplexe Fachvorträge. Die zeitliche Limitierung provoziert „sportlichen" Ehrgeiz. Die Anwendung verschiedener Kriterien für eine gute Kurzrede fördert die intellektuelle und sprachliche Disziplin. ➤ **Bsp.** S. 9, 61, 76, 87, 94, 101, 115, 130, 133, 139, 191

3.3 Spielerische Methoden: Standbild – fiktives Interview – rollenbezogenes Streitgespräch

Standbild

Ausgangspunkt ist entweder ein von der Lehrkraft benanntes Thema – z. B. Nächstenliebe –, zu dem die Lernenden herausgefordert werden eine soziale Situation zu fantasieren, oder aber über eine Quelle wird eine soziale Situation direkt zum Thema: Ein Zeitungsartikel beschreibt, wie zwei Obdachlose in einem Container nach Lebensmitteln suchen. Ein literarischer Text schildert eine Eifersuchtsszene, eine historische Quelle berichtet über die Verhaftung einer jüdischen Familie 1940 in Berlin usw.

In allen Fällen stehen die Lernenden am Ende vor der Aufgabe, sich in eine ausgedachte oder vorgefundene soziale Situation einzufühlen, um diese anschließend als Standbild – mit den Mitteln Körperhaltung, Gestik und Mimik, aber ohne zu sprechen – darzustellen. Man könnte sagen, das Standbild ist ein wortloses Rollenspiel, das sich in einem einzigen Bild manifestiert. Die Kunst besteht darin, dieses Bild eindringlich und damit aussagekräftig zu gestalten.

Ich bevorzuge *die gruppenorientierte Planungsvariante*:

- Einstimmung: Soweit mehrere Gruppen die Aufgabe Standbild bewältigen sollen, kann es hilfreich sein, zuvor im Plenum mit einigen Übungen auf die folgende Körperarbeit einzustimmen, z. B.: Alle schlendern herum wie auf einem Flohmarkt, gehen mühsam über durchnässte Wiesen, stehen und nehmen eine aggressive Haltung ein, zeigen das Gefühl Angst… (Für eine solche Einstimmungsphase über zwei bis drei Minuten kann leise Musik im Hintergrund hilfreich sein, erforderlich ist eine Freifläche).
- Die Aufgabe: Eine oder mehrere Gruppen erhalten den Arbeitsauftrag, zu einem Thema eine soziale Situation zu fantasieren oder sich in die in der Quelle thematisierte soziale Situation einzufühlen. Anschließend ist diese konkrete, durch Menschen geprägte Situation als Standbild darzustellen.
- Erarbeitung: Die Standbild-Gruppe(n) sollte(n) sich unter Umständen in einen Nebenraum oder auf einen Flur zurückziehen können, um ihr Bild in Ruhe zu fantasieren, zu diskutieren, freiwillig Mitspielende auszuwählen und die Rollen mit den Mitteln Körperhaltung, Gestik und Mimik zu gestalten. Häufig sind symbolische Elemente hilfreich: verschränkte Hände können eine trennende Wand symbolisieren, ein abgewandter Blick kann ein schlechtes Gewissen andeuten … Auf die konkrete Zuweisung der Rolle Regisseur/-in wird bei dieser Variante verzichtet, alle in der Gruppe übernehmen diese Rolle gemeinsam.
- Aufführung und Reflexion: In der letzten Phase wird das Standbild an einem geeigneten Platz im Klassenraum mit stummen Personen aufgebaut und reflektiert. Zunächst sollten die Zuschauenden, wenn möglich, um das Standbild herumgehen und in jedem Fall das Gesehene beschreiben und deuten. Dann sollte ein Gruppenmitglied, das nicht Teil des Bildes ist, erklären, welche Rollen die Gruppe wie darstellen wollte und inwieweit symbolische Elemente eingearbeitet wurden. Oder die Lehrkraft berührt die Figuren nacheinander kurz im Schulterbereich – ein Signal, jetzt mit einer kurzen Ich-Botschaft (ich bin…, ich fühle mich…) aus dem Standbild herauszugehen. Diese Gesprächsphase muss zügig gestaltet werden, da sich das mit Körperhaltung, Mimik und Gestik gestaltete Bild höchstens einige Minuten konzentriert aufrechterhalten lässt. Häufig kann es auch nach der Bildauflösung reizvoll sein, Mitspielende zu fragen, wie sie die eingenommene Rolle erlebt haben. Eine zusätzliche Chance der Bearbeitung ergibt sich, wenn das Bild mit einer Sofortbild- oder Digitalkamera festgehalten wurde. Das wäre auch eine Form der Anerkennung der Gruppenleistung und stellt zugleich sicher, dass jederzeit eine bildorientierte Auseinandersetzung mit dem Thema

möglich bleibt – z.B. in der Form, dass das Foto mit Sprechblasen ergänzt oder in Collage-Technik verarbeitet wird.

Methode Standbild

In der Literatur wird häufig nahegelegt, *dass die Lehrkraft eine Schülerin bzw. einen Schüler ermutigt, spontan die Regie-Rolle zu übernehmen, sich Mitspielende auszuwählen und vor der Klasse nach der eigenen Intuition schweigend ein Standbild aufzubauen*. Nach meinen Erfahrungen ist diese Variante sehr stressbesetzt, störanfällig und mit hohem Risiko des Scheiterns behaftet. Ich rate dazu, diese Variante nur in Klassen einzusetzen, die sehr spielerprobt sind und mit der Methode Standbild schon positive Erfahrungen gemacht haben.

Praktikabler hingegen ist *die lehrergelenkte Variante, das heißt, die Lehrkraft übernimmt die Regie-Rolle und baut vor der Klasse ein Standbild.* Ein Sonderfall der lehrergelenkten Variante verwandelt das Standbild in einen Anwendungsfall der Methode Enträtseln. Das Thema des Standbildes – und damit der Stunde – wird geheim gehalten. Die Lehrkraft agiert in der Rolle des Standbildbauers. Sie sucht sich einige Lernende aus, die freiwillig mitmachen und vom Typ und Erscheinungsbild her wahrscheinlich geeignet sind, die fantasierte soziale Situation darzustellen. Die Lehrkraft darf die Körperhaltung der Mitspielerinnen und Mitspieler mit den Händen formen und ihnen die gewünschte Gestik und Mimik vormachen – aber es kann in dieser Phase der Bildproduktion auch gesprochen werden. Wenn das Standbild fertig ist, soll die Klasse das Thema erraten. Ist das gelungen, kann das Bild zerfallen und die Arbeit am gefundenen Thema der Stunde wird aufgenommen.

Lernchancen

Diese ab Klasse 5 geeignete Methode zielt vorrangig auf Empathie, zugleich fordert und fördert dieser ganzheitliche Lernweg die Körpersprache, insbesondere wird die Bedeutung von Gestik und Mimik erfahren. Das Standbild bietet eine Chance, Gruppenarbeit kreativ zu gestalten und Teamfähigkeit zu fördern. In fachlicher Hinsicht kann diese Methode spielerisch-sinnlich einen ichbezogenen Zugang zur Deutung und Reflexion von Themen bzw. Quellen eröffnen und zugleich die fachliche Kommunikation im Plenum neu beleben. Im fremdsprachlichen Unterricht kann sie als motivierender Einstieg genutzt werden. Die Stille in der Phase der Standbildpräsentation schafft einen wohltuenden Kontrast zum vorherrschenden Verbalismus im traditionellen Schulalltag. ➤ **Bsp.** S. 7, 67, 77, 91, 96, 99, 114, 125, 134, 142, 188, 192

Fiktives Interview

Hier gehen die Lernenden spielerisch – am besten zu zweit – in die Rolle eines Reporters bzw. einer Reporterin, um den Autor / die Autorin oder die Schlüsselperson(en) oder Randfigur(en) einer Quelle oder eine in didaktischer Absicht frei assoziierte Person zu interviewen. So kann z. B. das Foto eines amerikanischen Soldaten im Irak-Krieg 2003 in ein fiktives Interview mit irakischen Zivilisten umgesetzt werden, die im Bildhintergrund zu erkennen sind. Die Erörterung einer Kurzgeschichte von Heinrich Böll kann mit einem gespielten Interview mit dem Autor und einem Literaturkritiker verbunden werden. Ein KZ-Film kann zu einem fiktiven Interview mit einem KZ-Wächter und einem in den USA lebenden jüdischen Emigranten führen.

Ich empfehle, das erste Interview lehrergelenkt auf den Weg zu bringen: Im Plenum (s. S. 8) thematisch sinnvolle, beantwortbare und hinreichend offene Leitfragen sammeln und individuell aufschreiben lassen – die Rollen an Freiwillige vergeben und kurz vorbesprechen – die Spielfläche herrichten und fiktiv z. B. als Café ausgeben – das Interview mit kurzen einstimmenden Worten starten. Dann wird das Interview aufgeführt, zum „richtigen" Zeitpunkt von der Lehrkraft beendet und gemeinsam reflektiert (Was hat gefallen? Was kann noch besser werden?).

Grundsätzlich gibt es zwei Varianten: *Entweder werden ein oder mehrere fiktive Interviews vorbereitet und dann vor der ganzen Klasse gespielt und besprochen, oder die Klasse löst sich von vornherein in Gruppen auf und in einer oder mehreren Gruppen wird – auf der Basis präziser, ggf. auch unterschiedlicher Arbeitsaufträge – ein fiktives Interview vorbereitet, gespielt und reflektiert.* Im letzteren Fall erfolgt eine nachhaltigere Aktivierung aller Beteiligten, aber die Lehrkraft muss damit leben können, dass sich vieles, was in den Gruppen geschieht, ihrer Wahrnehmung entzieht.

Aufgabe für Gruppen:

Skizzieren und spielen Sie ein fiktives Interview mit dem Autor.

- Sammeln Sie interessante und kritische Impulse für ein solches Interview.
- Verteilen Sie die Rollen und geben Sie den Mitspielenden eine kurze Zeit der inneren Vorbereitung.
- Spielen Sie das Interview.
- Vergleichen Sie Ihr Interview mit Kapitel 4.

Die Verteilung der Rollen und die Vorbereitung der Spielszene können im lehrergelenkten Gespräch und / oder über eine Phase der Gruppenarbeit durchgeführt werden. Für vorbereitende Gruppen hat sich folgende Vorgehensweise bewährt: Zunächst werden in der Gruppe die Rollen vergeben, dann ziehen sich die Reporter/-innen zurück, um zentrale Fragen stichwortartig in einer sinnvollen Abfolge zu formulieren. Zeitgleich besprechen die zu interviewenden Personen die Ausgestaltung ihrer Rollen. Ist die Gruppe größer als die Zahl der Mitspielenden, verteilen sich die anderen auf die zwei Untergruppen und übernehmen eine beratende Funktion (s. S. 114 und S. 142). Ist die Arbeit in den Untergruppen abgeschlossen, sollte die Spielphase in den Gruppen unmittelbar folgen oder im Plenum nach einer kurzen Anmoderation durch die Lehrkraft.

Unbeschadet der gewählten Variante ist für den Erfolg fiktiver Interviews wichtig, dass der Reporter/die Reporterin über eine solide Basis an Fragen und Gesprächsimpulsen verfügt. Die Rolle verlangt: sich einzufühlen, kritisch nachzufragen, verbale Hartnäckigkeit. Prinzipiell ist es sinnvoll, diese Rolle doppelt zu besetzen, dann gerät ein fiktives Interview nicht so leicht ins Stocken.

Die Aufführung erfolgt in den Gruppen oder vor dem Plenum. Im letzteren Fall ist eine Sitzordnung im Halbkreis zweckmäßig. In der Spielphase sind Ruhe und Aufmerksamkeit eine notwendige Voraussetzung. Generell benötigt man für die Aufführung fiktiver Interviews nur wenig Platz; einige Requisiten können eingesetzt werden, sind aber nicht notwendig. Es sollte deutlich werden, wann die Spielphase zu Ende ist. Häufig wird die Lehrkraft diese Entscheidung treffen und signalisieren müssen.

Am Ende sollte eine Reflexionsphase stehen. Vorrang sollte die inhaltliche Betrachtung haben. Zentral ist der Vergleich zwischen Fiktion und Realität und damit die Frage: Wie realistisch wurde gespielt?

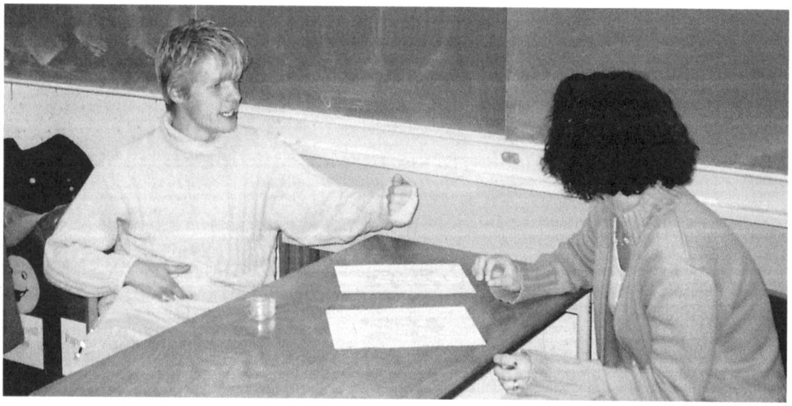

Methode fiktives Interview

Häufig geht das Gespräch in einen offenen Meinungsaustausch über. Manchmal kann es auch interessant sein anzusprechen, inwieweit es gelungen ist, innerlich in eine bestimmte Rolle zu finden und diese zu spielen. Soweit die Reflexion in den Gruppen erfolgt, ist von Fall zu Fall zu entscheiden, ob es noch Sinn macht, einen kurzen Austausch von Erfahrungen und Ergebnissen im Plenum anzubahnen.

Lernchancen
Fiktive Interviews können bereits in 3. und 4. Klassen den Unterricht beleben, fördern Empathie und die mündliche Kommunikation. Sie eignen sich in höheren Klassen auch für den fremdsprachlichen Unterricht. Die Methode fordert eine rollengerechte Körpersprache und Spontaneität in der Interviewsituation. In fachlicher Hinsicht bereichern fiktive Interviews die Arbeit am Thema, die Spielerfahrungen werfen häufig neue Fragen und / oder neue Antworten auf, so dass sich für eine intensive Auseinandersetzung mit der Sache zusätzliche Anknüpfungspunkte ergeben. Zugleich können fiktive Interviews dazu beitragen, dass der Unterricht der Komplexität sozialer oder künstlerischer Wirklichkeiten eher gerecht wird. An dieser Stelle treffen sich die Methoden Perspektivenwechsel und fiktives Interview in der Zielsetzung, offenes und mehrperspektivisches Denken zu fördern. ➤ **Bsp.** S. 8, 62, 71, 87, 91, 114, 139, 142, 144, 153, 175, 188, 193

Rollenbezogenes Streitgespräch

Bei einem künstlerischen, historischen, politischen oder religiösen Thema bestehen sehr häufig grundlegend verschiedene Meinungen bzw. Standpunkte. Zu lernen, kontrovers zu diskutieren, ist ein Qualitätsmerkmal für eine wissenschaftsorientierte und zugleich demokratische Unterrichtskultur, das Streitgespräch ist ihr adäquates Medium.

Das Streitgespräch gewinnt an sinnlicher Qualität, wenn es rollenbezogen gestaltet wird. So kann z. B. ein Streitgespräch über ein mögliches Tempolimit auf deutschen Autobahnen in der Form geführt werden, dass einige Lernende die Automobilindustrie und den ADAC vertreten, während andere als Sprecher von Naturschutz- und Umweltverbänden auftreten.

Grundsätzlich gibt es bei dieser Methode die gleichen Varianten wie bei dem fiktiven Interview: *Entweder wird das Streitgespräch lehrergelenkt vorbereitet und dann im Plenum aufgeführt und besprochen oder die Klasse teilt sich von vornherein in Gruppen auf und in einer oder mehreren Gruppen wird ein Streitgespräch vorbereitet, durchgeführt und reflektiert.* Die gruppenorientierte Variante erfordert allerdings von allen eine hohe akustische Toleranz und sollte erst eingeführt werden, wenn die Plenumsvariante bereits mehrfach mit Erfolg praktiziert wurde. Für beide Varianten sollte prinzipiell gelten: Die Übernahme der Rollen beruht auf Freiwilligkeit.

Der Dreischritt „Vorbereitung - Aufführung - Reflexion" gilt auch für diese spielerische Methode. Diese drei Phasen sind in der Praxis klar voneinander zu trennen. Die Ausführungen, die für das fiktive Interview formuliert wurden, können sinngemäß übertragen werden, das heißt:

- Zur Vorbereitung empfehle ich bei beiden Varianten präzise Planungsimpulse und in der Regel auch Rollenkarten (s. das auf die Sekundarstufe II bezogene Beispiel S. 49–50), die natürlich nur einen Rahmen abstecken sollen, der durch gemeinsames Nachdenken und Leistungen der Fantasie zu füllen ist - und offen bleiben muss für spontane Beiträge in der folgenden Spielphase.
- Die Aufführung erfordert nur wenig Raum und keine Requisiten, ein Tonband- oder Video-Mitschnitt kann reizvoll sein. Anfang und Ende der Spielphase sind deutlich zu markieren.
- In der Reflexionsphase sollte der Vergleich der Positionen und der Argumente im Vordergrund stehen, ein kurzer Austausch von Spielerfahrungen kann sinnvoll sein.

Die Erfolgschancen rollenbezogener Streitgespräche steigen, wenn auch die Rolle der Gesprächsleitung besetzt wird. Solange die Klasse in der Praxis solcher Streitgespräche noch relativ ungeübt ist, sollte bei der Plenumsvariante zunächst die Lehrkraft diese Rolle übernehmen. Es ist aber reizvoller, wenn die Lehrkraft nicht als Lehrkraft, sondern z. B. in

Methode rollenbezogenes Streitgespräch: Text der Rollenkarten, s. S. 50

der Rolle einer historischen oder politischen Persönlichkeit oder einer/eines aus dem Fernsehen bekannten Reporterin/Reporters moderiert. Wird für das Streitgespräch ein fiktiver Rahmen gesetzt – z. B.: es findet in einem Fernsehstudio oder in einer Kirche statt – können alle, die keine konkrete Rolle übernommen haben, sich in die Rolle interessierter Bürgerinnen und Bürger begeben, folglich das Streitgespräch mit Zwischenrufen und Fragen beleben. Gewinnt die leitende Lehrkraft den Eindruck, dass das Streitgespräch schlecht läuft, kann sie kurz unterbrechen, die Einhaltung der Rollen anmahnen oder Impulse zur Gestaltung einzelner Rollen einbringen, im Notfall auch die Besetzung einer Rolle spontan tauschen oder eine Rolle doppelt besetzen und dann alle zur Fortsetzung des Streitgespräches auffordern.

Lernchancen

Diese Methode empfehle ich ab Klasse 5. In der gymnasialen Oberstufe kann das rollenbezogene Streitgespräch auch im fremdsprachlichen Unterricht eingesetzt werden. Die Schülerinnen und Schüler können ein tieferes Verständnis für die Rollen anderer und der zugrunde liegenden Interessen entwickeln. Sie können lernen, entschieden in der Sache, aber tolerant gegenüber Personen zu streiten. Diese Methode fördert nachhaltig eine demokratische Streitkultur, sie bewegt viel auf dem Weg zum großen Ziel Mündigkeit. Die Lernenden können ggf. auch ihre Scheu ablegen, sich vor einem Publikum darzustellen. Zugleich kann im Wechsel von Selbst- und Fremdwahrnehmung das Ich des Einzelnen und der Zusammenhalt der Gruppe gestärkt werden. Ansonsten gilt für

Methode rollenbezogenes Streitgespräch

diese Methode, was bereits an Lernchancen für das fiktive Interview ausformuliert wurde: Sie belebt den Unterricht, fördert Empathie, Teamfähigkeit, mündliche Kommunikation, rollengerechte Körpersprache und Spontaneität. Kurzum, auch diese Methode bringt ganzheitliches Lernen auf den Weg. Wird das Streitgespräch in einem fiktiven Rahmen gestaltet, ist zugleich die potenzielle Aktivierung von allen gewährleistet.
➤ **Bsp.** S. 9, 49, 62, 77, 100, 131, 176, 193

Aufgabe für Gruppen:

Praktizieren Sie eine Sprechmühle in drei Phasen.

1. Welche der hier präsentierten KUM finden Sie besonders interessant und warum? A spricht – B hört schweigend zu. Rollenwechsel: B spricht – A hört schweigend zu.
2. Formulieren Sie didaktische Begründungen für den Einsatz KUM. Zunächst spricht A, anschließend fasst B das Gesagte zusammen und ergänzt es ggf.
3. Diskutieren Sie zu zweit die möglichen Risiken KUM im Unterrichtsalltag. Einigen Sie sich auf den wichtigsten Einwand in der Form einer These.

Angebot für Schulen:

Bilden Sie eine Kleingruppe methodisch interessierter Lehrkräfte. Einigen Sie sich auf einige Klassen, in denen Sie kreative Methoden nach und nach praktizieren wollen. Beschränken Sie sich zunächst auf die Fächer Deutsch/Englisch, Geschichte/Politik oder Sachunterricht, Religion/Werte und Normen. Prüfen Sie, ob es möglich ist, in den Klassenräumen eine Sitzordnung im Rechteck zu schaffen, in die der Lehrertisch integriert ist. Da in diesem Fall einige Lernende mit dem Rücken zur Tafel sitzen, empfiehlt es sich, alle im Monatsrhythmus um zwei Tische rotieren zu lassen. Hängen Sie in den Klassenräumen ein Plakat mit den Namen aller kreativen Methoden auf und tragen Sie jeden Einsatz einer Methode mit Datum und Fachangabe ein. Solch ein Plakat schafft Transparenz und kann als Ausgangspunkt für gemeinsame Reflexionen genutzt werden.

Soll das Jugendzentrum in Pollheim geschlossen werden?

Der Fall

In der Kleinstadt Pollheim hatte es Probleme mit rivalisierenden Jugendcliquen gegeben. Auch waren viele arbeitslose Jugendliche häufig alkoholisiert und belästigten Passanten auf der Straße. Als die Stadt vor einigen Jahren ein Jugendzentrum einrichtete, besserte sich die Lage. Zwei als ABM-Kräfte eingestellten Sozialarbeitern gelang es, viele Jugendliche von der Straße zu holen und ihr Vertrauen zu gewinnen.
Die Stadtverwaltung plant nun aus finanziellen Gründen das Jugendzentrum zu schließen. Diese Situation ruft die Jugendlichen auf den Plan. Um ihr Jugendzentrum zu erhalten, gründen sie eine Bürgerinitiative. Die Bürgerinitiative hat die beteiligten Gruppen zu einer Podiumsdiskussion eingeladen.

Regieanweisung

Teilen Sie sich in vier Arbeitsgruppen auf. Jede Arbeitsgruppe übernimmt eine Rolle und erhält die entsprechende Rollenkarte. Diskutieren Sie zuerst innerhalb der Gruppe eine sinnvolle Strategie. Anschließend sollte eine Vertreterin oder ein Vertreter dieser Gruppe den gewählten Standpunkt in der Podiumsdiskussion vorstellen und verteidigen. Die Schülerinnen und Schüler ohne feste Rolle übernehmen die Aufgabe interessierter Bürgerinnen und Bürger. Zwischenrufe sind folglich zu erwarten.
Die Lehrkraft hat die Aufgabe, die im Jugendzentrum spielende Podiumsdiskussion zu leiten – z. B. in der Rolle einer Journalistin, die für die Pollheimer Tageszeitung arbeitet.

Rollenkarte 1

Cora Peters, Sprecherin der Bürgerinitiative:

Das Jugendzentrum ist das einzige in der Stadt. Die Schließung wäre jetzt besonders kurzsichtig, da die Sozialarbeiter sehr erfolgreich arbeiten und das Jugendzentrum für viele Jugendliche ein Zuhause, ein Ort des Schutzes und der Hilfe geworden ist. Eine Schließung würde bedeuten, dass die Stadt in wenigen Jahren vor neuen Problemen stünde und damit vor neuen finanziellen Belastungen.

Rollenkarte 2

Simon Thiele, Stadtkämmerer:

Die Finanzlage der Stadt Pollheim lässt keine großen Sprünge mehr zu. Bereits heute muss Pollheim einen Teil seiner Ausgaben durch Kredite finanzieren. Pollheim hat mittlerweile 3000 Euro Schulden je Einwohner/-in. Da mit dem Auslaufen der Arbeitsbeschaffungsmaßnahmen Pollheim die Gehälter der Sozialarbeiter allein weiterzahlen müsste, würden die Personalkosten im Haushalt um ca. 60.000 Euro steigen. Die Stadt ist nicht in der Lage, das Jugendzentrum weiter zu finanzieren. Andere Institutionen müssen die Aufgaben des Jugendzentrums übernehmen.

Rollenkarte 3

Rolf Helfrich, führendes Mitglied der B-Partei:

Pollheim hat eine Arbeitslosenquote von 15%. Dadurch sind die Steuereinnahmen in den letzten Jahren immer spärlicher geflossen. Der Schwerpunkt der Kommunalpolitik muss daher in der Wirtschaftsförderung liegen, der Anwerbung von Unternehmen und der Schaffung neuer Arbeitsplätze. Es ist daher richtig, das Jugendzentrum zu schließen und die frei werdenden Gelder einzusetzen, um für den Wirtschaftsstandort Pollheim zu werben.

Rollenkarte 4

Jörn Blank, führendes Mitglied der A-Partei:

In Pollheim sind viele Jugendliche arbeitslos und ohne Perspektive für ihr Leben. Diese Jugendlichen brauchen das Jugendzentrum. Auch gibt es nur im Jugendzentrum ein Mädchen- und Frauencafé. Das Geld für das Jugendzentrum muss durch Sparmaßnahmen in anderen Bereichen aufgebracht werden.

Zwischenfragen an den Autor

4

Frage: Warum präsentieren Sie „nur“ neunzehn Methoden?
Antwort: Es braucht seine Zeit, die Kompetenz zu gewinnen, neunzehn Methoden handwerklich professionell und didaktisch sinnvoll anwenden zu können. Ich glaube daher, dass methodische Literatur am ehesten kompetenzerweiternd wirken kann, wenn sie ein bewusst begrenztes Angebot - aber ausdifferenziert im Kontext verschiedener Fächer - bietet.

Frage: Nach welchen Kriterien haben Sie Ihre Methoden ausgewählt?
Antwort: Infrage kamen von vornherein nur Methoden, die fünf pragmatische und mindestens zwölf von vierzehn schulpädagogischen Kriterien erfüllten. Die Methoden, die einer kritischen Reflexion in diesem

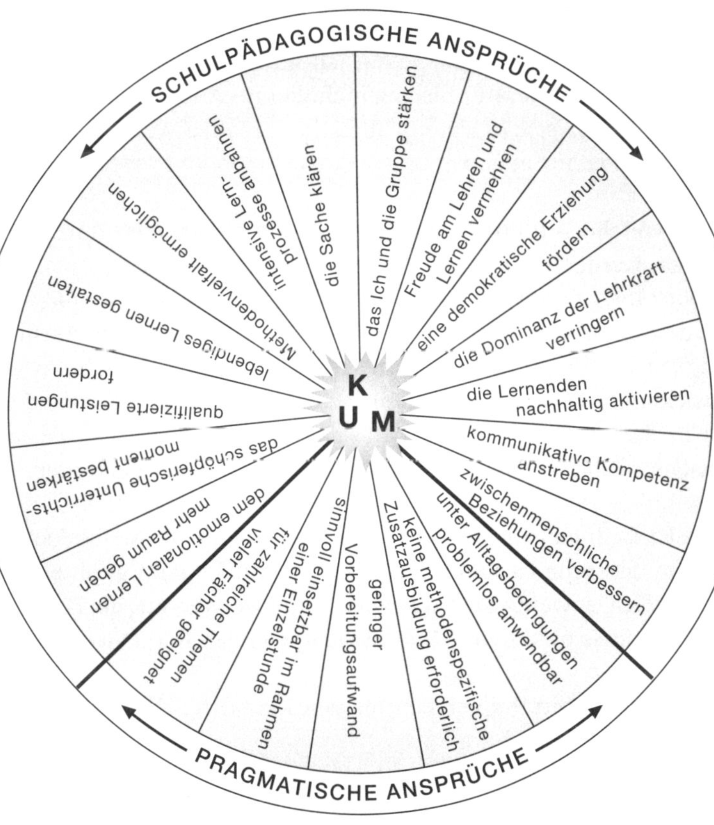

Sinne standhielten und zugleich die mehrfache Feuerprobe in der Praxis bestanden, bilden das Fundament meiner Ausarbeitung.

Frage: Inwieweit entfernen Sie sich in Ihrem Methodenverständnis von der gängigen Fachliteratur?
Antwort: Hätte ich nicht an zahlreiche schulpädagogische und fachdidaktische Schriften anknüpfen können, wäre mein Methodenrepertoire nicht entstanden. Aber die intensive praktische Auseinandersetzung mit den ausgewählten Methoden in Universitätsseminaren, im schulischen Unterricht und in Methoden-Workshops für Lehrkräfte hat mich in vielen Fällen von dem vorherrschenden Selbstverständnis abweichen lassen. So habe ich mich bei der Methode Standbild von der einsamen Schlüsselfigur des Standbildbauers weitgehend zugunsten einer kommunikativ planenden Kleingruppe verabschiedet. So habe ich bei einer Variante der Fantasiereise zwei individuell produktive Situationen miteinander verknüpft, um eine doppelte Chance zu schaffen, die Fantasiereise erfolgreich zu gestalten. Ich habe bei der Sprechmühle vier Varianten ausdifferenziert, damit wurde die Erwägung, die Kugellagerübung als eigenständige Methode auszuweisen, entbehrlich. Ein letztes Beispiel: Mein Verständnis der Methode Schreibgespräch geht über die vorliegende Literatur hinaus; denn ich integriere eine rollenbezogene Variante, die die Literatur bislang nicht kennt. Anders gesagt: Die Praxis KUM provozierte in vielen Fällen ihre kreative Weiterentwicklung, das war und ist für mich ein ungemein spannender Prozess.

Frage: Welche Bildungs- und Erziehungsziele können durch KUM gefördert werden?
Antwort: Insbesondere die kommunikative Kompetenz, Teamfähigkeit, eine demokratische Grundhaltung, die Entfaltung von Fantasie, die Fähigkeit zur Empathie. Ohne die Macht der Fantasie gäbe es keine Entwicklung von Wissenschaft und Technik, Kunst und Kultur. Und ohne die Fähigkeit der Empathie können sich wünschenswerte Haltungen wie Mitmenschlichkeit, Nächstenliebe und Solidarität nicht entfalten.

Frage: Ist die Inhaltsfrage nicht viel bedeutsamer als die Methodenfrage?
Antwort: Sowenig es Sinn macht, Essen und Trinken gegeneinander auszuspielen, sowenig Sinn macht es, unter Verweis auf die Bedeutung der Unterrichtsinhalte die Methodenfrage an den Rand zu drängen.

Frage: Können Sie Ihr Verständnis eines kreativen Unterrichts näher beschreiben?
Antwort: In meiner Vorstellung sitzt die Klasse im Rechteck, so dass alle Blickkontakt zueinander haben. Der Tisch der Lehrkraft ist integriert.

Einige schmale Lücken ermöglichen problemlos von Zeit zu Zeit die didaktisch gewollte Freifläche wie eine „Bühne“ zu nutzen: im Kontext meines Methodenrepertoires für eine Sprechmühle oder Motorinspektion, ein Blitzlicht oder eine Redekette, einen Identifikationskreis, Partner- oder Gruppenstreitgespräche, Partnerinterviews, die Präsentation eines Standbildes, die Aufführung eines fiktiven Interviews oder rollenbezogenen Streitgespräches. Solche *auf der Freifläche gestalteten Inszenierungsphasen*, in denen aktive Schülerinnen und Schüler dominieren und in denen dynamische Unterrichtsprozesse charakteristisch sind, mischen sich in meinem Unterrichtsbild mit *frontal ausgerichteten Darbietungs- und Gesprächsphasen* einerseits und mit *individuellen Arbeitsphasen* andererseits. Phasen individueller Arbeit, für die eine ruhige Arbeitsatmosphäre typisch ist, können selbstverständlich mit traditionellen Arbeitstechniken gestaltet werden, aber aus meiner Sicht sollten auch die kreativen Methoden Enträtseln, Ich-Texte, Fantasiereise, Schreibgespräch, 2-Minuten-Rede und Perspektivenwechsel zur Anwendung kommen. Die Verknüpfung dieser drei Phasen verschränkt zwangsläufig traditionelle und kreative Methoden miteinander, ebenso die Vielfalt der Sozialformen und der Ausdrucksmöglichkeiten. Auf dieser Basis entsteht ein kreativer Unterricht, in dem auch die Streitkultur und die Kultur der Stille, das Sichbewegen und die intellektuelle Bewegung, die sachbezogene Auseinandersetzung und die Auseinandersetzung mit Gefühlen miteinander vernetzt sind.

Frage: Inwiefern ändert sich das Rollenverständnis von Lehrkräften, die KUM zunehmend praktizieren?
Antwort: Methodisch kreative Lehrkräfte gehen auf Abstand zu dem weit verbreiteten negativen Schülerbild; denn sie erleben zunehmend aktive Schülerinnen und Schüler in einem lebendigen Unterricht. Aber vor allem eröffnen KUM viele Möglichkeiten, in den Hintergrund des Unterrichtsgeschehens zu treten, um von dort aus begleitende, beratende, unterstützende, beobachtende oder aktiv zuhörende Funktionen zu übernehmen.

Frage: Welche Ansprüche an die Berufsrolle Lehrerin/Lehrer bleiben für Sie konstant, ganz gleich, wie das methodische Selbstverständnis aussieht?
Antwort: Lehrkräfte benötigen fachliche und menschliche Kompetenz und Durchsetzungsvermögen. Sie sollten Lernprozesse klar strukturieren und die effektive Lernzeit optimieren können. Lehrerinnen und Lehrer brauchen die Fähigkeit Vorträge, Impulse und Arbeitsanweisungen eindeutig und verständlich zu formulieren, müssen fordern und fördern, schweigen und ermutigen können.

Frage: Welche Ratschläge sollten Lehrkräfte beachten?
Antwort: **1.** KUM sollten Schritt für Schritt in den traditionellen Unterricht integriert werden. Das Vertrautwerden mit neuen Methoden, ihre Akzeptanz, die erwünschte Sicherheit im Umgang mit ihnen und das Zutrauen in ihre Leistungsfähigkeit können auf beiden Seiten nur stetig wachsen, wenn der Unterrichtsprozess mit Augenmaß und hinreichender Langsamkeit umgesteuert wird. **2.** Wird eine kreative Methode zum ersten Mal in einer Klasse praktiziert, können Verständnisprobleme, technische Fragen oder Rollenunsicherheiten auftreten, die unmittelbar oder im Nachhinein zu besprechen in der Regel hilfreich ist. Grundsätzlich lehrt die Erfahrung: Bereits im zweiten Anlauf gewinnt die Lehrkraft an Gelassenheit, alle zeigen mehr Verhaltenssicherheit und die Lernenden erleben die jeweilige Methode nicht mehr als fremd. **3.** Prinzipiell können KUM wie alle Methoden im alltäglichen Unterricht scheitern. Wenn z.B. Lehrerfragen eine Lerngruppe überfordern, kann eine Sprechmühle oder eine Redekette schnell im Schweigen enden; wenn die Beziehungen nachhaltig gestört sind, hat ein Identifikationskreis oder die Produktion von Standbildern nur geringe Erfolgsaussichten... Erforderlich sind Geduld und die Fähigkeit, Misserfolge kritisch und konstruktiv zu verarbeiten, statt vorschnell in den vermeintlich sicheren Hort der traditionellen Methodik zu fliehen. **4.** Methodisch kreative Lehrkräfte sollten den Mut haben, KUM vor dem Hintergrund eigener Erfahrungen abzuwandeln und weiterzuentwickeln. **5.** Alle schulinternen Bemühungen, möglichst viel Unterricht in 90-Minuten-Blöcken zu ermöglichen, sollten unterstützt werden. Nicht nur für eine innovative Methodik wäre ein solcher Blockunterricht eine positive Rahmenbedingung.

Frage: Wie könnte die Lehrerbildung die Entwicklung von methodischer Lehrkompetenz innovativ unterstützen?
Antwort: In jedem Universitätsseminar und in allen Ausbildungsseminaren im Referendariat besteht die Chance, die Lehre mit KUM zu gestalten. Was spricht dagegen, ein Referat mit einer Sprechmühle, einer Motorinspektion oder einer Fantasiereise einzuleiten, zwei Vortragsphasen durch ein Schreibgespräch oder ein Gruppenpuzzle zu unterbrechen, gegen Ende einer Seminarsitzung mit der Methode Ich-Texte, Partnerstreitgespräch, Gruppenstreitgespräch oder Redekette zu arbeiten? Wird die monotone Referatskultur, über die sich Studierende seit Generationen beklagen, durch eine kreative Seminardidaktik ersetzt, können Seminare zu einem Erfahrungsfeld für KUM werden und damit modellhaft und glaubwürdig sichtbar machen, wie schulischer Unterricht methodisch vielfältig und lebendig zu gestalten ist.

Methodenvielfalt im Fachunterricht

5

Alle Stundenentwürfe sollen exemplarisch und themenbezogen den Nachweis führen, dass die Anwendung der kreativen Unterrichtsmethoden im alltäglichen Fachunterricht machbar und pädagogisch bzw. fachdidaktisch sinnvoll ist. Zugleich soll sichtbar werden, dass Methodenvielfalt zu einem lebendigen und kreativen Unterricht führen kann.

Die Stundenentwürfe entstanden in enger Zusammenarbeit mit vielen Lehramtsstudierenden an der Universität Hannover. Sie wurden mehrfach überarbeitet, von Studierenden oder erfahrenen Lehrkräften im schulischen Alltag erprobt und nach ihrer Erprobung von mir nochmals überarbeitet. Selbstverständlich bedürfen sie im konkreten Anwendungsfall der Anpassung an die jeweilige Lerngruppe und ihrer besonderen Lernbedingungen.

Vier Stundenentwürfe für das Fach Deutsch zielen auf die Jahrgänge 9 bis 11 und thematisieren literarische Texte. Ich hoffe, dass Lehrkräfte, die Fremdsprachen oder Darstellendes Spiel unterrichten, diese Anwendungsbeispiele kreativer Methoden selbstständig auf ihre Fächer übertragen können.

Drei Entwürfe für das Fach Sozialkunde/Politik beziehen sich auf den 9. bis 11. Jahrgang und inhaltlich auf das Lernfeld „Umgang mit Minderheiten“. Vorangestellt werden drei Verlaufsplanungen für das Fach Geschichte zum Thema „Judenverfolgung in Deutschland“, empfohlen für den 9. bis 11. Jahrgang. Lehrkräfte, die Geographie, Welt- und Umweltkunde, Gemeinschaftskunde, Pädagogik und Gesellschaftslehre unterrichten, können die hier dokumentierte Vernetzung von traditioneller und kreativer Methodik im Prinzip für ihre Fächer übernehmen.

Fünf Planungsbeispiele für das Fach Religion greifen das Thema „Nächstenliebe“ auf und sind auf die Jahrgänge 7 bis 9 bezogen. Auch Lehrerinnen und Lehrer, die die Fächer Werte und Normen, Ethik, LER und Philosophie unterrichten, hoffe ich durch diese Entwürfe methodisch inspirieren zu können.

Vier Verlaufsplanungen für den Sachunterricht zielen auf die Jahrgänge 3 bis 4 und bearbeiten ausschnitthaft die Themen „Erste Hilfe“ und „Eine Welt“. Sie sollen exemplarisch belegen, das viele KUM bereits für die Grundschule geeignet sind.

Soweit die kreativen Unterrichtsmethoden erstmalig in einer Klasse angewandt werden, ist generell zu prüfen, ob es zweckmäßig ist, den

Ablauf und den Sinn der jeweiligen Methode vorab kurz zu erläutern.

Die Anwendung der Planungsbeispiele gelingt leichter, wenn in der ausgewählten Klasse bereits eine Sitzordnung in U-Form, im Tischkreis oder im Rechteck besteht oder eine solche Anordnung zum Stundenbeginn hergestellt wird. Ist Letzteres der Fall, sind die folgenden Regeln hilfreich:

1. Während der Umstellung wird nicht geredet.
2. Stühle und Tische werden nie geschoben, sondern angehoben.
3. Für den Umbau wird eine Zeit vorgegeben (eine, maximal zwei Minuten).

Alle Verlaufsplanungen beanspruchen, den gewollten Lehr-Lernprozess klar zu strukturieren, aber verzichten auf das Ausformulieren von Lernzielen. Diese können im Bedarfsfall aus den Beschreibungen der Lernschritte abgeleitet werden. Vorausgesetzt wird bei allen Stundenentwürfen, dass die unterrichtende Lehrkraft hinsichtlich des Themas über Fachkompetenz verfügt. Kritische Leserinnen und Leser sind erwünscht; denn die Kraft des Denkens ist die des Widerstands gegen das Vorgedachte. Aber sie sollten bedenken: den perfekten Entwurf gibt es nicht.

Das Kapitel schließt mit Ideenskizzen für einen kreativen Kunst-, Musik- und Mathematikunterricht. Diese Skizzen sind das Ergebnis einer mehrfachen Diskussion mit Lehrkräften und Lehramtsstudierenden dieser Fächer.

Methode Sprechmühle

5.1 Stundenentwürfe für das Fach Deutsch

Bildung braucht Tiefe.
Job-Günter Klink

Es folgen vier Unterrichtsbeispiele, die jeweils einen literarischen Text - eine Parabel, zwei Gedichte, eine Kurzgeschichte - thematisieren. Alle vier Entwürfe erstrecken sich auf 90 Minuten. Sie können in einer Doppelstunde oder in zwei Schritten in zwei Einzelstunden unterrichtet werden. Die Verlaufsplanungen 1 und 2 eignen sich für die 10. und 11. Klassen, die Verlaufsplanungen 3 und 4 können im Gymnasium bereits in 9. Klassen eingesetzt werden. Die Planungen sind zeitlich sehr knapp kalkuliert, so dass es erforderlich ist, Leerlauf und unnötige Unterbrechungen zu vermeiden. Der jeweils einzelne Entwurf kann jederzeit in unzähligen Klassen eingesetzt werden, ist jedoch daran gedacht, drei oder sogar alle vier vorliegenden Entwürfe in einer Klasse nacheinander zu unterrichten, empfehle ich vorab einen hinführenden Deutschunterricht, der die Klasse Schritt für Schritt mit KUM vertraut macht.

In methodischer Hinsicht sollten die in Berufsschulklassen erprobten Stundenentwürfe insbesondere als exemplarische Belege für die Eignung der folgenden kreativen Unterrichtsmethoden gelesen werden:

- **Sprechmühle, Redekette, Blitzlicht, Motorinspektion, 2-Minuten-Rede** und **Ich-Texte**
  → 1. Doppelstunde

- **Fantasiereise** und **Perspektivenwechsel**
  → 2. Doppelstunde

- **Motorinspektion, Enträtseln, fiktives Interview, Schreibgespräch, Ich-Texte** und **Perspektivenwechsel**
  → 3. Doppelstunde

- **2-Minuten-Rede, Enträtseln, Schreibgespräch, Standbild** und **rollenbezogenes Streitgespräch**
  → 4. Doppelstunde

Grundsätzlich wurden alle Verlaufsplanungen um die Rubrik „Kreative Alternativen“ ergänzt, um zu verdeutlichen, dass die kreativen Unterrichtsmethoden noch weitere gleichwertige Möglichkeiten eröffnen.

Maßnahmen gegen die Gewalt (1930)

Als Herr Keuner, der Denkende, sich in einem Saale vor vielen gegen die Gewalt aussprach, merkte er, wie die Leute vor ihm zurückwichen und weggingen. Er blickte sich um und sah hinter sich stehen – die Gewalt.
„Was sagtest du?" fragte ihn die Gewalt.
„Ich sprach mich für die Gewalt aus", antwortete Herr Keuner.

Als Herr Keuner weggegangen war, fragten ihn seine Schüler nach seinem Rückgrat.
Herr Keuner antwortete: „Ich habe kein Rückgrat zum Zerschlagen. Gerade ich muß länger leben als die Gewalt."

Und Herr Keuner erzählte folgende Geschichte:

In die Wohnung des Herrn Egge, der gelernt hatte, nein zu sagen, kam eines Tages in der Zeit der Illegalität ein Agent, der zeigte einen Schein vor, welcher ausgestellt war im Namen derer, die die Stadt beherrschten, und auf dem stand, daß ihm gehören solle jede Wohnung, in die er seinen Fuß setzte; ebenso sollte ihm auch jedes Essen gehören, das er verlange; ebenso sollte ihm auch jeder Mann dienen, den er sähe. Der Agent setzte sich in einen Stuhl, verlangte Essen, wusch sich, legte sich nieder und fragte mit dem Gesicht zur Wand vor dem Einschlafen: „Wirst du mir dienen?"

Herr Egge deckte ihn mit einer Decke zu, vertrieb die Fliegen, bewachte seinen Schlaf, und wie an diesem Tage gehorchte er ihm sieben Jahre lang. Aber was immer er für ihn tat, eines zu tun hütete er sich wohl: das war, ein Wort zu sagen. Als nun die sieben Jahre herum waren und der Agent dick geworden war vom vielen Essen, Schlafen und Befehlen, starb der Agent. Da wickelte ihn Herr Egge in die verdorbene Decke, schleifte ihn aus dem Haus, wusch das Lager, tünchte die Wände, atmete auf und antwortete: „Nein."

Bertolt Brecht

Exemplarische Verlaufsplanung 1

1. Schritt:

Zum Thema einen persönlichen Zugang finden (ca. 20 Min.)	a) Stummer Impuls: L. schreibt kommentarlos das Wort „Gewalt“ groß an die Tafel (→ Anm. 1). b) Einstieg in der Form einer **Sprechmühle**: L. erläutert den Ablauf. Zu passender Musik schlendern die S. durch den Klassenraum (die Tische und Stühle werden ggf. noch zur Seite gerückt). Mit Aussetzen der Musik suchen sich alle einen Partner bzw. eine Partnerin. Mit Hilfe eines Impulses wird bestimmt, wer A bzw. B ist. Nun stellt L. eine Aufgabe, und A hat 1 bis 2 Min. Zeit, seine Antwort B vorzutragen. Nach einem Signal wechseln die Positionen, und B trägt seine Antwort A vor. Der Redende darf nicht unterbrochen werden. Mit Einsetzen der Musik beginnt wieder das Umherschlendern bis zur nächsten Unterbrechung und erneuten Partnerwahl. Es sind drei Durchgänge geplant. Mögliche Impulse zur Partnerwahl: – A hat längere Haare. – A ist älter. – A ist heute früher aufgestanden. Aufgaben für die Sprechmühle: 1. In welchen Situationen hast du schon Gewalt erlebt? 2. Woher kommt Gewalt? Nenne verschiedene Ursachen. 3. Wie würdest du dich verhalten, wenn ein Diktator das Land beherrscht und viele Menschen verfolgt werden? Anschließend Stuhlkreis: Besprechen der Fragen 1 und 2, ausgehend von den Äußerungen, die jeder von seinem Gegenüber gehört hat.

2. Schritt:

Die Brecht-Parabel bearbeiten (ca. 25 Min.)	a) L. verteilt die Brecht-Parabel (s. S. 58). b) L. oder ein S. liest die Parabel vor. c) L.-gelenktes Gespräch: – Welche Grundposition nimmt Herr Keuner ein, welche Herr Egge? – L. erläutert die Textsorte Parabel und fragt nach der Funktion der Binnenerzählung. – Wie hätten Herr Keuner und Herr Egge anders handeln können? – Aufgreifen der 3. Frage aus der Sprechmühle: Wie würdest du dich verhalten, wenn ein Diktator das Land beherrscht und viele Menschen verfolgt werden? (Ggf. verweist L. darauf, dass Brecht mit dieser Parabel auch das Schicksal der europäischen Juden in der Zeit des Nationalsozialismus thematisiert.)

3. Schritt:

Zu den verschiedenen Positionen eine eigene kritische Haltung entwickeln (45 Min.)	a) Arbeitsaufträge für einen in Einzelarbeit zu schreibenden **Ich-Text**. Alle S. suchen sich eine Aufgabe, die sie anschließend bearbeiten, selbst aus: – Entwerfe Tagebucheinträge, die Herr Egge während der Zeit des Dienens geschrieben hat. – Schreibe als Keuner-Schüler einen Brief an einen Mitschüler, in dem du Herrn Keuner kritisierst. – Schreibe einen Text, in dem ein Jude begründet, warum er 1940 aus Deutschland geflohen ist. b) Zu jedem Arbeitsauftrag werden je zwei Texte vorgelesen. Die S. geben Rückmeldungen – auch zur Glaubwürdigkeit des Ich-Textes und seiner Nähe zur Brecht-Parabel.

c) **Blitzlicht oder Redekette** im Stuhlkreis: Wie hättest du dich in der Rolle von Herrn Egge verhalten? Möglich wäre auch eine **Motorinspektion** mit 2 Stühlen, die die Pole Anpassung und Widerstand symbolisieren.

Anmerkungen

1. Hilfreich ist es, wenn die Klasse zum Stundenbeginn im Rechteck oder in U-Form sitzt. Die Lehrkraft muss in dieser Doppelstunde zügig vorgehen, wenn das komplexe Programm geschafft werden soll.

2. Eine Hausaufgabe könnte lauten: Entwerfe eine **2-Minuten-Rede**, in der du Stellung nimmst, wie du dich in der Rolle von Herrn Egge verhalten hättest.

Methode Sprechmühle zum Impuls „Gewalt“

Kreative Alternativen:

- Die Fragen zur Sprechmühle könnten in zwei **Partnerinterviews** thematisiert werden, die alle mit ihrem Tischnachbarn nacheinander und gegenseitig durchführen. Zweiergruppen, die frühzeitig fertig sind, sollten ihre Ergebnisse schriftlich festhalten.

- Der dritte Schritt könnte durch **fiktive Interviews** gestaltet werden. Einige Kleingruppen erhalten nur den Text von Zeile 1–9, einige nur den Egge-Text. In jeder Kleingruppe wird ein Interview mit Herrn Keuner bzw. Herrn Egge vorbereitet und durchgeführt. Anschließend sollte eine Auswertung der Interviews im Plenum erfolgen.
- Da im zweiten Schritt unterschiedliche Positionen sichtbar werden, könnten diese im dritten Schritt zu einem **rollenbezogenen Streitgespräch** führen.

  Rollenkarten:
  - Herr Keuner: Ich bekenne mich offen gegen Gewalt, solange sie mein Leben nicht gefährdet. Ich unterwerfe mich aber scheinbar der Gewalt, wenn mein Leben bedroht ist.
  - Herr Kalinski: Ich rede und handele so, wie ich denke. Ich bleibe mir treu. Gegen illegale Gewalt muss man Widerstand leisten.
  - Herr Egge: Ich bleibe mir innerlich treu. Meine Überzeugung gebe ich in Zeiten einer Gewaltherrschaft nicht preis. In solchen Zeiten muss man mehr Geduld und einen längeren Atem haben als die Gewalt.
  - Herr Müller: Ich füge mich den Verhältnissen, so wie sie sind. Ich will keinen Ärger bekommen, ich will meine Ruhe.

  Die Methode **Perspektivenwechsel** könnte in der Form alternativ gestellter Hausaufgaben angeschlossen werden: Entscheidet euch für die Position von Herrn Kalinski oder von Herrn Müller. Entwerft die Brecht-Parabel neu im Sinne der gewählten Position.
- Es wäre denkbar, die Positionen von Keuner und Kalinski bzw. von Egge und Müller im dritten Schritt in **Partnerstreitgesprächen** zu thematisieren. Die Positionen von Kalinski und Müller eignen sich auch für ein **Gruppenstreitgespräch**.
- Wenn auf die Sprechmühle verzichtet wird, könnte die Stunde mit einer **Motorinspektion** zu der Frage „Wie nah oder fern ist mir das Problem Gewalt?“ begonnen und mit verschiedenen **Standbildern** zum Thema „Gewalt“ fortgesetzt werden, die zuvor in Gruppen fantasiert und gestaltet wurden.
- Wenn die Ich-Texte im dritten Schritt sehr zügig verfasst werden, könnte die Fragestellung des Blitzlichts in einem dialogischen **Schreibgespräch** erörtert werden.

Die Beiden

Sie trug den Becher in der Hand
– Ihr Kinn und Mund glich seinem Rand –,
So leicht und sicher war ihr Gang,
Kein Tropfen aus dem Becher sprang.

So leicht und fest war seine Hand:
Er ritt auf einem jungen Pferde,
Und mit nachlässiger Gebärde
Erzwang er, dass es zitternd stand.

Jedoch, wenn er aus ihrer Hand
Den leichten Becher nehmen sollte,
So war es beiden allzu schwer:
Denn beide bebten sie so sehr,
Dass keine Hand die andre fand
Und dunkler Wein am Boden rollte.

Hugo von Hofmannsthal

Die Beiden

Sie trug den Becher in der Hand
– Ihr Kinn und Mund glich seinem Rand –,
So aufgeregt und wacklig war ihr Gang,
Der ganze Inhalt aus dem Becher sprang.

So zittrig und nass war seine Hand:
Er ritt auf einem jungen Pferde,
Und trotz bewusster Gebärde
Misslang ihm, dass es sicher stand.

Jedoch, als er aus ihrer Hand
Den leichten Becher nehmen sollte,
So war es beiden nicht zu schwer:
Denn beide liebten sich so sehr,
Dass eine Hand die andre fand
Kein roter Wein am Boden rollte.

Exemplarische Verlaufsplanung 2

1. Schritt:

Zum Thema einen persönlichen Zugang finden (ca. 10 Min.)	a) L. kündigt eine **Fantasiereise** an, erklärt ggf. kurz die Methode. b) Leise Instrumentalmusik ertönt im Hintergrund. c) L. leitet die Konzentrationsphase ein: L. bittet die S., die Augen zu schließen, tief ein- und auszuatmen, sich zu entspannen. d) Der Text der Fantasiereise wird langsam und mit kleinen Pausen gesprochen: *Stell dir vor, du bist verliebt ... und zum ersten Mal mit ihm/ihr verabredet ... Fantasiere Ort, Zeit und Verlauf dieser Begegnung ...* (→ Anm. 1). e) Nach der Fantasiereise folgt ein behutsames Zurückholen in die Realität. *Nun kommst du langsam zurück ... öffnest deine Augen ... du bist wieder zurück im Klassenraum.* L. schaltet die Musik ab. Da das Thema dieser Fantasiereise sehr intim ist, kann auf eine Aussprache über das individuell Erlebte verzichtet werden.

2. Schritt:

Gedichtinterpretation (ca. 35 Min.)	a) Das Original-Gedicht „Die Beiden" (s. S. 63) wird ausgeteilt und vorgelesen. b) Freie Aussprache über die formalen und inhaltlichen Besonderheiten dieses Gedichts, das der Dichter vermutlich im Alter von 21 Jahren schrieb. Mögliche Aspekte: – erste Assoziationen zum Inhalt (Gedanken, Gefühle); – das Reimschema ansprechen;

	– das Frauen- und Männerbild beschreiben; – das Ende deuten. c) Die S. notieren in Partnerarbeit Stichworte zu den folgenden Aufgaben: – Welche Situation wird in dem Gedicht beschrieben? – Was wird über die beiden Personen des Gedichts ausgesagt? – Vergleicht die Gefühle, die ihr in der Fantasiereise erlebt habt, mit den beschriebenen Gefühlen in dem Gedicht. Die Ergebnisse werden im Plenum vorgestellt und besprochen, aber ich empfehle auf den Vergleich der Gefühle zu verzichten.

3. Schritt:

Kreatives Schreiben (45 Min.)	a) Ein Fragebogen zum „Gefühlezeigen" wird auf den OHP gelegt: Wen mag ich ganz besonders? Was mag ich ganz besonders an ihm/ihr? Was möchte ich ihm/ihr eigentlich sagen? Wie könnte ich ihm/ihr meine Gefühle zeigen? Welche Gefühle bringt er/sie mir entgegen? b) Die S. sollen – ohne zu sprechen – nach individuellen Antworten suchen und diese nicht aufschreiben. c) Die S. sollen aus der Perspektive eigener Erfahrungen und Gefühle in Einzelarbeit ein Gedicht zum Thema „Wenn man verliebt ist" verfassen (Methode **Perspektivenwechsel**) und dabei bestimmte Vorgaben, die sich an das Gedicht „Die Beiden" anlehnen, beachten. Vorgaben (Tafelbild): 1. Strophe: Sie oder Er (→ Anm. 2) 2. Strophe: Er oder Sie 3. Strophe: Die Beiden d) Einige Gedichte werden vorgelesen und mit dem Gedicht von Hofmannsthal verglichen (evtl. erst in der nächsten Stunde).

Anmerkungen

1. Der Text der Fantasiereise kann auch sehr differenziert gestaltet werden:
   Stell dir vor, du bist 15 Jahre alt ... du hast deine erste Verabredung mit einer Person, die du sehr magst ... diese Person ist dir sehr wichtig ... vielleicht bist du sogar verliebt ...
   Überlege dir einen Ort, an dem du mit dieser Person verabredet bist ... du bist 20 Minuten zu früh ... entscheide, ob du im Sitzen oder Stehen auf diese Person wartest ... du wirfst einen ersten nervösen Blick auf die Uhr ... noch 18 Minuten ... du merkst, dass deine Hände feucht sind ... du beginnst zu zweifeln, ob ihr euch wirklich hier und heute treffen wolltet ... du überlegst, ob du noch einmal eine Toilette aufsuchen solltest ... doch was ist, wenn ihr euch verpasst ... noch 15 Minuten ... deine Unruhe nimmt zu ... du gehst noch einmal in Gedanken durch, was du eigentlich sagen möchtest ... die nahezu endlose Warterei macht dich ganz irre ... noch 10 Minuten ... du bekommst Angst davor, versetzt worden zu sein ... du fürchtest dich, morgen von anderen ausgelacht zu werden ... noch 5 Minuten ... du zitterst ... dir wird abwechselnd heiß und kalt ... dir ist übel ... du wartest und wartest ... du hast Fluchtgedanken ... da plötzlich, du schaust hoch und siehst in ein Paar vertrauter Augen ... endlich!

   Verweile in dieser Situation und fantasiere, wie sie weitergeht ...

2. Die Wahlmöglichkeit soll die Chance eröffnen, dass sich das eigene Gedicht auch auf zwei Personen des gleichen Geschlechts beziehen kann. Es könnte anregend sein, in der Phase der Gedichtproduktion die Musik weiterlaufen zu lassen, die auch für die Fantasiereise verwandt wurde.

Kreative Alternativen:

- Als Einstieg wäre ein wechselseitiges **Partnerinterview** oder eine **Sprechmühle** denkbar. Mögliche Fragen:
  1. Was fällt dir ein zum Thema „Verliebtsein"?
  2. Die erste Verabredung – welche Wünsche und Ängste können eine solche Situation prägen? (Auch in diesem Fall sollte auf eine Aussprache im Plenum verzichtet werden.)
- Unter Verzicht auf die Fantasiereise könnte die Stunde mit der gleichzeitigen Präsentation von Original und Fälschung (s. S. 63) beginnen. Es sollte diskutiert werden, welche Fassung die echte ist (Variante **Fälschung**). Eine leichtere Form der Fälschung könnte darin bestehen, in jeder Strophe das Wort Hand durch das Wort Faust zu ersetzen.
- Wenn auf die Fantasiereise alternativlos verzichtet wird, könnte auf die Phase der Gedichtinterpretation der lehrergelenkte Versuch folgen, die Szene der dritten Strophe als **Standbild** aufzubauen. Die Arbeit mit Körperhaltung, Mimik und Gestik könnte die emotionale Annäherung an das Gedicht erleichtern. (In diesem Fall sollte die letzte Aufgabe für die Partnerarbeit wie folgt verändert werden: „Versucht die Gefühle zu beschreiben, die die handelnden Personen in dem Gedicht erleben.")
- Eine Alternative zur Methode Perspektivenwechsel (Gedichtproduktion) wäre das Verfassen von gedichtbezogenen **Ich-Texten**: Stell dir vor, du wärst in der Rolle von ihr oder ihm. Welche Wünsche und Ängste würden dich in dieser Situation der Begegnung prägen? Formuliere Notizen in der Ich-Form.
- Interessant wäre auch die folgende Verlaufsplanung: Fantasiereise – Gedichtinterpretation – Ich-Texte – Formwechsel: Verwandelt das Gedicht in die Form eines erzählenden Textes oder einer Vorgangsbeschreibung.
- Die Stunde könnte mit einem **Votum-Ei** schließen, das zweifach präsentiert wird, so dass die Lernenden getrennt nach Geschlechtern zu der Frage ihrer Zufriedenheit mit dieser Stunde Stellung nehmen können.

Aufgabe:

Entwerfen Sie eine andere Verlaufsplanung.
Prüfen Sie die Eignung der kreativen Alternativen für Ihren Entwurf.

Was man so sagt

Als sie lachte,
sagte man ihr, sie sei kindisch.
Also machte sie fortan ein ernstes Gesicht.
Das Kind in ihr blieb,
aber es durfte nicht mehr lachen.

Als sie liebte,
sagte man ihr, sie sei zu romantisch.
Also lernte sie, sich realistischer zu zeigen.
Und verdrängte
so manche Liebe.

Als sie reden wollte,
sagte man ihr, darüber spreche man nicht.
Also lernte sie zu schweigen.
Die Fragen, die in ihr brannten,
blieben ohne Antwort.

Als sie weinte,
sagte man ihr, sie sei einfach zu weich.
Also lernte sie, die Tränen zu unterdrücken.
Sie weinte zwar nicht mehr,
doch hart wurde sie nicht.

Als sie schrie,
sagte man ihr, sie sei hysterisch.
Also lernte sie, nur noch zu schreien,
wenn niemand es hören konnte,
oder sie schrie lautlos in sich hinein.

Als sie zu trinken begann,
sagte man ihr, das löse ihre Probleme nicht.
Sie solle eine Entziehungskur machen.
Es war ihr egal, weil ihr
schon so viel entzogen worden war.

Als sie wieder draußen war,
sagte man, sie könne jetzt von vorn anfangen.
Also tat sie, als begänne sie ein neues Leben.
Aber wirklich leben konnte sie nicht mehr,
sie hatte es verlernt.

Als sie ein Jahr später
sich versteckt zu Tode gefixt hatte,
sagte man gar nichts mehr.
Und jeder für sich versuchte,
leise das Unbehagen mit den Blumen
ins Grab zu werfen.

Kristiane Allert-Wybranietz

Exemplarische Verlaufsplanung 3

1. Schritt:

Einstimmung und Einstieg (ca. 10 Min.)	a) Ruheritual: Die S. legen ihren Kopf auf den Tisch, schließen die Augen und schweigen – oder: Alle konzentrieren sich auf das Licht einer brennenden Kerze (jeweils ca. 60 Sekunden). L. lässt in dieser kurzen Einstimmungsphase meditative Musik als Hintergrund-Musik laufen (→ Anm.1). b) **Motorinspektion** - L. stellt in die Mitte des Raumes eine leere Weinflasche als Symbol für Drogen. - Die S. werden aufgefordert, sich schweigend in kürzerer oder größerer Entfernung zur Weinflasche zu positionieren. Impuls: Wie nah oder fern ist dir das Thema „Drogen“? - Möglichst viele S. sollten ihren gewählten Standort mit einigen Sätzen erklären, die S. dürfen diese Anforderung aber verweigern.

2. Schritt:

Ein Gedicht enträtseln und verstehen (ca. 35 Min.)	a) L. verteilt das Gedicht „Was man so sagt“ (s. S. 68–69). Gelöscht sind in den Strophen 1 bis 6 in der Zeile 2 die Nebensätze hinter dem Komma. b) S. versuchen in Partnerarbeit die gelöschten Worte sinnvoll zu fantasieren (Methode **Enträtseln**). c) S. lesen nach und nach die ergänzten Zeilen vor. d) L. verteilt die Original-Fassung und liest das Gedicht einmal vor.

e) L.-gelenktes Gespräch oder vier dialogische **Schreibgespräche** zu verschiedenen Themen:
- Vermutungen: Wie kann der letzte Tag ihres Lebens verlaufen sein? („Als sie ein Jahr später sich versteckt zu Tode gefixt hatte“)
- „Was man so sagt“ - wer kann mit „man“ gemeint sein?
- Welche Bedeutung haben die Strophen 1 bis 5 für den frühen Tod der jungen Frau?
- Erklärt den Satz: „Es war ihr egal, weil ihr schon so viel entzogen worden war“.

f) Kurzes Streitgespräch zu der Frage: Wer ist schuld an ihrem Tod? (→ Anm. 2)

3. Schritt:

Die Mitverantwortung der Gesellschaft aufspüren (45 Min.)

a) S. teilen sich in vier Gruppen auf. Jede Gruppe soll ein **fiktives Interview** vorbereiten, d.h., zunächst die Rollen vergeben und dann ihre Ausgestaltung vorbereiten.
- Gruppe 1 soll zwei Reporterinnen auf ein Interview mit dem Vater vorbereiten. Ausgangspunkt für das Interview: die Strophen 1 und 8. Rollenvorgaben für den Vater: Er lebt selber sehr diszipliniert und konnte mit seiner Tochter wenig anfangen, solange sie noch ein Kind war.
- Gruppe 2 soll zwei Reporter auf ein Interview mit der Mutter vorbereiten. Ausgangspunkt für das Interview: die Strophen 3 und 8. Rollenvorgaben für die Mutter: Über Gefühle zu sprechen fällt ihr schwer, Konflikte sind ihr unangenehm, Gespräche über Liebe und Sexualität sind ihr peinlich.
- Gruppe 3 soll zwei Reporter auf ein Interview mit zwei jungen Frauen vorbereiten, die in der 7. und 8. Jahrgangsstufe mit ihr in einer Klasse waren. Ausgangspunkt für das Interview: die Strophen 2, 4 und 7. Rollenvorgaben für die jungen Frauen: Sie mochten ihre Mitschülerin, hatten aber große Schwierigkeiten im Umgang mit ihr.

- Gruppe 4 soll zwei Reporterinnen auf ein Interview mit einem jungen Mann vorbereiten, der im Alter von 19 Jahren einige Monate eine Liebesbeziehung mit ihr hatte. Ausgangspunkt für das Interview: die Strophen 2, 5 und 6. Rollenvorgaben für den jungen Mann: Er arbeitet viel und mit großem Ehrgeiz, Gefühle zeigt er selten und mit den Gefühlen anderer kann er nicht gut umgehen.

b) Die vier Interviews – gedacht einige Wochen nach der Beerdigung – werden nacheinander vorgespielt und besprochen. Leitfragen für die Besprechung: Inwieweit ist es im Interview gelungen, die Botschaften des Gedichts aufzugreifen? Welche neuen Gesichtspunkte wurden im Interview sichtbar, um das Leben der Drogenabhängigen besser zu verstehen?

c) Die S. sollen als Hausaufgabe einen inneren Monolog schreiben: Stell dir vor, du bist die Drogenabhängige und liegst tot in deinem Grab. Aber du hast die Chance, noch einmal zu den Teilnehmern deiner Beerdigung zu sprechen. Was würdest du wem sagen wollen?

d) Einige **Ich-Texte** werden in der nächsten Stunde vorgelesen (→ Anm. 3).

Anmerkungen

1. Für diese Doppelstunde wäre eine Anordnung der Tische im Rechteck oder in U-Form eine optimale Sitzordnung, die nur in der Phase der Vorbereitung der Interviews aufgegeben werden muss.

2. Falls die Methode Schreibgespräch gewählt wurde, muss die Aufgabe zu Ziffer f) aus Zeitgründen entfallen.

3. Anschließend könnten Sie die Überschrift und die jeweils erste Zeile der Strophen 1 bis 5 und 8 vorgeben und dazu auffordern, zu diesen Strophen positive Gegenentwürfe zu formulieren (Methode **Perspektivenwechsel**).

Kreative Alternativen:

- Die Frage der Motorinspektion könnte in einem kurzen **Partnerinterview** thematisiert werden.
- Die Verrätselung im zweiten Schritt könnte anders präsentiert werden. Das Gedicht wird mit dem falschen Titel „Zweite Chance" verteilt und unter Verzicht auf die letzten neun Zeilen. Die Aufgabe lautet zunächst, das Gedicht zu Ende zu schreiben. Später wird das Ende des Original-Gedichts offen gelegt und die Schüler werden aufgefordert, eine passende Überschrift zu finden.
- Der dritte Schritt könnte durch die Variante **Identifikationskreis** (s. S. 7) oder mit der Methode **Sprechmühle** oder mit einer **Fantasiereise** (Text s. S. 8) gestaltet werden. Auch in diesen Versionen könnte die Produktion innerer Monologe den Abschluss bilden.
- Die Mitverantwortung der Gesellschaft kann sowohl mit der **Gruppenvariante des Schreibgespräches** als auch mit der Methode **Schneeballverfahren** erschlossen werden.

Ruheritual

Das Brot

Plötzlich wachte sie auf. Es war halb drei. Sie überlegte, warum sie aufgewacht war. Ach so! In der Küche hatte jemand gegen einen Stuhl gestoßen. Sie horchte nach der Küche. Es war still. Es war zu still, und als sie mit der Hand über das Bett neben sich fuhr, fand sie es leer. Das war es, was es so besonders still gemacht hatte: sein Atem fehlte. Sie stand auf und tappte durch die dunkle Wohnung zur Küche. In der Küche trafen sie sich. Die Uhr war halb drei. Sie sah etwas Weißes am Küchenschrank stehen. Sie machte Licht. Sie standen sich im Hemd gegenüber. Nachts. Um halb drei. In der Küche.

Auf dem Küchentisch stand der Brotteller. Sie sah, dass er sich Brot abgeschnitten hatte. Das Messer lag noch neben dem Teller. Und auf der Decke lagen Brotkrümel. Wenn sie abends zu Bett gingen, machte sie immer das Tischtuch sauber. Jeden Abend. Aber nun lagen Krümel auf dem Tuch. Und das Messer lag da. Sie fühlte, wie die Kälte der Fliesen langsam an ihr hochkroch. Und sie sah von dem Teller weg. „Ich dachte, hier wär was", sagte er und sah in der Küche umher.

„Ich hab auch was gehört", antwortete sie und dabei fand sie, dass er nachts im Hemd doch schon recht alt aussah. So alt wie er war. Dreiundsechzig. Tagsüber sah er manchmal jünger aus. Sie sieht doch schon alt aus, dachte er, im Hemd sieht sie doch ziemlich alt aus. Aber das liegt vielleicht an den Haaren. Bei den Frauen liegt das nachts immer an den Haaren. Die machen dann auf einmal so alt. „Du hättest Schuhe anziehen sollen. So barfuß auf den kalten Fliesen. Du erkältest dich noch."

Sie sah ihn nicht an, weil sie nicht ertragen konnte, dass er log. Dass er log, nachdem sie neununddreißig Jahre verheiratet waren.

„Ich dachte, hier wäre was", sagte er noch einmal und sah wieder so sinnlos von einer Ecke in die andere, „ich hörte hier was. Da dachte ich, hier wäre was."

„Ich hab auch was gehört. Aber es war wohl nichts." Sie stellte den Teller vom Tisch und schnippte die Krümel von der Decke.

„Nein, es war wohl nichts", echote er unsicher. Sie kam ihm zu Hilfe: „Komm man. Das war wohl draußen. Komm man zu Bett. Du erkältest dich noch. Auf den kalten Fliesen."

Er sah zum Fenster hin. „Ja, das muss wohl draußen gewesen sein. Ich dachte, es wäre hier."

Sie hob die Hand zum Lichtschalter. Ich muss das Licht jetzt ausmachen, sonst muss ich nach dem Teller sehen, dachte sie. Ich darf doch nicht nach dem Teller sehen. „Komm man", sagte sie und machte das Licht aus, „das war wohl draußen. Die Dachrinne schlägt immer bei Wind gegen die Wand. Es war sicher die Dachrinne. Bei Wind klappert sie immer."

Sie tappten sich beide über den dunklen Korridor zum Schlafzimmer. Ihre nackten Füße platschten auf den Fußboden. „Wind ist ja", meinte er. „Wind war schon die ganze Nacht."

Als sie im Bett lagen, sagte sie: „Ja, Wind war schon die ganze Nacht. Es war wohl die Dachrinne."

„Ja, ich dachte, es wäre in der Küche. Es war wohl die Dachrinne." Er sagte das, als ob er schon halb im Schlaf wäre.

Aber sie merkte, wie unecht seine Stimme klang, wenn er log. „Es ist kalt", sagte sie und gähnte leise, „ich krieche unter die Decke. Gute Nacht."

„Nacht", antwortete er und noch: „Ja, kalt ist es schon ganz schön."

Dann war es still. Nach vielen Minuten hörte sie, dass er leise und vorsichtig kaute. Sie atmete absichtlich tief und gleichmäßig, damit er nicht merken sollte, dass sie noch wach war. Aber sein Kauen war so regelmäßig, dass sie davon langsam einschlief.

Als er am nächsten Abend nach Hause kam, schob sie ihm vier Scheiben Brot hin. Sonst hatte er immer nur drei essen können.

„Du kannst ruhig vier essen", sagte sie und ging von der Lampe weg. „Ich kann dieses Brot nicht so recht vertragen. Iss du man eine mehr. Ich vertrag es nicht so gut."

Sie sah, wie er sich tief über den Teller beugte. Er sah nicht auf. In diesem Augenblick tat er ihr leid.

„Du kannst doch nicht nur zwei Scheiben essen", sagte er auf seinen Teller.

„Doch. Abends vertrag ich das Brot nicht gut. Iss man. Iss man."

Erst nach einer Weile setzte sie sich unter die Lampe an den Tisch.

Wolfgang Borchert

Exemplarische Verlaufsplanung 4

1. Schritt:

Informierender und spielerischer Einstieg (ca. 25 Min.)	a) L. informiert kurz über W. Borchert (1921–1947): Buchhändlerlehre - Soldat an der Ostfront - verwundet - Pazifist - schrieb zwischen dem 15. und 20. Lebensjahr zahlreiche Gedichte und einige Theaterstücke - verfasste 1946 die Kurzgeschichte „Das Brot“ (→ Anm. 1). Oder: S. hält eine **2-Minuten-Rede** über das Leben von Borchert. b) L. verteilt die Kurzgeschichte als Puzzle (→ Anlage, Copy, S. 79–80). c) S. versuchen jeweils zu zweit die Abschnitte richtig zu ordnen (Methode **Enträtseln**). d) Die Anordnung der Abschnitte wird kurz besprochen, S. lesen die Geschichte vor.

2. Schritt:

Lesen und verstehen (ca. 20. Min.)	a) L. verteilt den Originaltext (s. S. 74–75). b) L.-gelenktes Gespräch: - Um welche zwei Themen geht es in dieser Kurzgeschichte? - Inwieweit ist das Thema „Hunger“ noch aktuell? (L. zeigt ggf. einige aktuelle Fotos hungernder Menschen.) - Welche Rolle spielt die Lüge in der Beziehung dieses Ehepaares? - Welche sprachlichen/stilistischen Besonderheiten hat der Autor verwendet? - Welche Handlungsalternativen hätte es für den Mann gegeben?

3. Schritt:

Das Einfühlungsvermögen in die Schlüsselfiguren fördern (ca. 25 Min.)	a) S. teilen sich in vier Gruppen auf. b) Arbeitsauftrag: Zwei Gruppen sollen ein **Standbild** zu der Eingangsszene in der Küche entwerfen, zwei zu der Schlussszene. Die Gruppen arbeiten ohne Regisseur/-in und erhalten einen Teller und ein Messer (Eingangsszene) bzw. zwei Teller (Schlussszene) als Requisiten. c) Die Standbilder werden nacheinander im Plenum aufgebaut und von den anderen gedeutet. Dann wird das jeweilige Bild aufgelöst und gefragt: – Wie haben die Mitspielenden die Situation innerlich empfunden? – Welche Botschaft wollte die Gruppe mit welchen Mitteln (z. B. Mimik, Gestik) zum Ausdruck bringen?

4. Schritt:

Handlungsalternativen erlebbar machen (ca. 20 Min.)	a) Einstiegsfrage: Welche Handlungsalternativen hätte es für die Frau gegeben? b) Die Alternative „Streitgespräch“ als Rollenspiel im Plenum vorbereiten: die Rollen vergeben, mögliche Argumente/Formulierungen „andenken“, das Streitgespräch an die Eingangsszene anbinden (→ Anm. 2). c) Zwei S. spielen ein Streitgespräch der Eheleute, auf eine Gesprächsleitung wird verzichtet (Methode **rollenbezogenes Streitgespräch**). d) Reflexion der Spielerfahrung: – Inwieweit wurden die Rollen glaubhaft gespielt? – Vergleich der literarischen mit der gespielten Lösung.

	e) Hausaufgabe: Erörtere die Handlungsweisen von Mann und Frau, zeige Alternativen auf und nimm Stellung.

Anmerkungen

1. In der vorangegangenen Stunde könnte die Lehrkraft den ersten Absatz (ohne Überschrift) ausgeben und die Lernenden auffordern, die Geschichte in Partnerarbeit weiter zu schreiben (Methode **Schreibgespräch**).

2. Die Vorbereitung sollte in einem lehrergelenkten Gespräch erfolgen. Falls der Einwand kommt, ein Streitgespräch passe nicht zur Stimmung in der Küche, kann es auf den anderen Morgen verlegt werden.

Kreative Alternativen:

- Die Verrätselung kann alternativ in der Form erfolgen, dass der Text nur bis zu der Zeile „Als er am nächsten Abend nach Hause kam …“ ausgeteilt wird und dann die S. aufgefordert werden, sich einen Schluss auszudenken.
- Die Fragen zur Deutung (zweiter Schritt) könnten vorab in einer **Sprechmühle** oder in **Gruppenschreibgesprächen** diskutiert werden. In diesem Fall müsste die Standbildphase entfallen.
- **Ich-Texte** wären eine Alternative zu den Standbildern im dritten Schritt.
- Im vierten Schritt wäre es denkbar, **Partnerstreitgespräche** in den Rollen des Ehepaars zu praktizieren.
- Die Stunde könnte mit einem **Votum-Ei** zu der Frage „Wie interessant war diese Deutschstunde?“ schließen. (Folgende Wertungen stehen zur Auswahl: sehr interessant - interessant - weniger interessant - gar nicht interessant.)

Puzzle „Das Brot"

Plötzlich wachte sie auf. Es war halb drei. Sie überlegte, warum sie aufgewacht war. Ach so! In der Küche hatte jemand gegen einen Stuhl gestoßen. Sie horchte nach der Küche. Es war still. Es war zu still, und als sie mit der Hand über das Bett neben sich fuhr, fand sie es leer. Das war es, was es so besonders still gemacht hatte: sein Atem fehlte. Sie stand auf und tappte durch die dunkle Wohnung zur Küche. In der Küche trafen sie sich. Die Uhr war halb drei. Sie sah etwas Weißes am Küchenschrank stehen. Sie machte Licht. Sie standen sich im Hemd

Sie sah ihn nicht an, weil sie nicht ertragen konnte, dass er log. Dass er log, nachdem sie neununddreißig Jahre verheiratet waren.
„Ich dachte, hier wäre was", sagte er noch einmal und sah wieder so sinnlos von einer Ecke in die andere, „ich hörte hier was. Da dachte ich, hier wäre was."

„Du kannst ruhig vier essen", sagte sie und ging von der Lampe weg. „Ich kann dieses Brot nicht so recht vertragen. Iss du man eine mehr. Ich vertrag es nicht so gut."
Sie sah, wie er sich tief über den Teller beugte. Er sah nicht auf. In diesem Augenblick tat er ihr leid.
„Du kannst doch nicht nur zwei Scheiben essen", sagte er auf seinen Teller.
„Doch. Abends vertrag ich das Brot nicht gut. Iss man. Iss man."
Erst nach einer Weile setzte sie sich unter die Lampe an den Tisch.

„Wind ist ja", meinte er. „Wind war schon die ganze Nacht."
Als sie im Bett lagen, sagte sie: „Ja, Wind war schon die ganze Nacht. Es war wohl die Dachrinne."

gegenüber. Nachts. Um halb drei. In der Küche.
Auf dem Küchentisch stand der Brotteller. Sie sah, dass er sich Brot abgeschnitten hatte. Das Messer lag noch neben dem Teller. Und auf der Decke lagen Brotkrümel. Wenn sie abends zu Bett gingen, machte sie immer das Tischtuch sauber. Jeden Abend. Aber nun lagen Krümel auf dem Tuch. Und das Messer lag da. Sie fühlte, wie die Kälte der Fliesen langsam an ihr hochkroch. Und sie sah von dem Teller weg. „Ich dachte, hier wär was", sagte er und sah in der Küche umher.

Dreiundsechzig. Tagsüber sah er manchmal jünger aus. Sie sieht doch schon alt aus, dachte er, im Hemd sieht sie doch ziemlich alt aus. Aber das liegt vielleicht an den Haaren. Bei den Frauen liegt das nachts immer an den Haaren. Die machen dann auf einmal so alt. „Du hättest Schuhe anziehen sollen. So barfuß auf den kalten Fliesen. Du erkältest dich noch."

„Ich hab auch was gehört. Aber es war wohl nichts.“ Sie stellte den Teller vom Tisch und schnippte die Krümel von der Decke.
„Nein, es war wohl nichts“, echote er unsicher. Sie kam ihm zu Hilfe: „Komm man. Das war wohl draußen. Komm man zu Bett. Du erkältest dich noch. Auf den kalten Fliesen.“
Er sah zum Fenster hin. „Ja, das muss wohl draußen gewesen sein. Ich dachte, es wäre hier.“

„Ich hab auch was gehört“, antwortete sie und dabei fand sie, dass er nachts im Hemd doch schon recht alt aussah. So alt wie er war.

„Ja, ich dachte, es wäre in der Küche. Es war wohl die Dachrinne.“ Er sagte das, als ob er schon halb im Schlaf wäre. Aber sie merkte, wie unecht seine Stimme klang, wenn er log. „Es ist kalt“, sagte sie und gähnte leise, „ich krieche unter die Decke. Gute Nacht.“
„Nacht“, antwortete er und noch: „Ja, kalt ist es schon ganz schön.“

Dann war es still. Nach vielen Minuten hörte sie, dass er leise und vorsichtig kaute. Sie atmete absichtlich tief und gleichmäßig, damit er nicht merken sollte, dass sie noch wach war. Aber sein Kauen war so regelmäßig, dass sie davon langsam einschlief.
Als er am nächsten Abend nach Hause kam, schob sie ihm vier Scheiben Brot hin. Sonst hatte er immer nur drei essen können.

Sie hob die Hand zum Lichtschalter. Ich muss das Licht jetzt ausmachen, sonst muss ich nach dem Teller sehen, dachte sie. Ich darf doch nicht nach dem Teller sehen. „Komm man“, sagte sie und machte das Licht aus, „das war wohl draußen. Die Dachrinne schlägt immer bei Wind gegen die Wand. Es war sicher die Dachrinne. Bei Wind klappert sie immer.“
Sie tappten sich beide über den dunklen Korridor zum Schlafzimmer. Ihre nackten Füße platschten auf den Fußboden.

5.2 Stundenentwürfe für die Fächer Geschichte und Sozialkunde/Politik

Die Forderung, dass Auschwitz
nicht noch einmal sei, ist
die allererste an Erziehung.
Theodor W. Adorno

Die ersten drei Stundenentwürfe präsentieren einen Beitrag zum Thema „Judenverfolgung in Deutschland“, geeignet für den Geschichtsunterricht der Jahrgänge 9–11. Verlaufsplanung 1 bietet einen Einstieg in die Diskriminierung jüdischer Mitbürgerinnen und Mitbürger in unserer Gesellschaft. Dieser Einstieg soll für den Geschichtsunterricht den Aktualitätsbezug herstellen und die Motivation für historische Betrachtungen fördern. Die zweite und dritte Verlaufsplanung rücken am Beispiel einer jüdischen Familie die systematische Ausgrenzung, Gettoisierung und Vernichtung der Juden Europas durch den NS-Staat in den Mittelpunkt.

Die Verlaufsplanungen für das Fach Geschichte sollen insbesondere die Eignung der folgenden kreativen Unterrichtsmethoden belegen:

➤ **Enträtseln, Fantasiereise, fiktives Interview, Blitzlicht, Partnerinterview, Gruppenschreibgespräch, Gruppenstreitgespräch**
→ 1. Verlaufsplanung

➤ **Redekette, Standbild, fiktives Interview, Ich-Texte**
→ 2. Verlaufsplanung

➤ **2-Minuten-Rede, Schreibgespräch, Perspektivenwechsel**
→ 3. Verlaufsplanung

Die Verlaufsplanungen 4 bis 6 beziehen sich auf den Politikunterricht und thematisieren im Sinne des exemplarischen Prinzips die Diskriminierungserfahrungen verschiedener Minderheiten in unserer Gesellschaft: Menschen mit Behinderungen, Menschen anderer Hautfarbe, Langzeitarbeitslose. Auch diese Angebote richten sich an den 9.–11. Jahrgang. Sie stehen fachdidaktisch in der Tradition eines problemorientierten und kritischen Politikunterrichts.

Die Verlaufsplanungen für den Politikunterricht haben die Funktion, den Sinn und die Machbarkeit der folgenden Methoden beispielhaft nachzuweisen:

➤ **Enträtseln, Standbild, Ich-Texte, rollenbezogenes Streitgespräch, 2-Minuten-Rede**
→ 4. Verlaufsplanung

➤ **Fantasiereise, Ich-Texte, Identifikationskreis, Sprechmühle, Votum-Ei**
→ 5. Verlaufsplanung

➤ **Motorinspektion, fiktives Interview, Standbild, Perspektivenwechsel, Schneeballverfahren, 2-Minuten-Rede**
→ 6. Verlaufsplanung

Im Kontext einer demokratischen Erziehung können alle Verlaufsplanungen unter dem Anspruch gelesen werden, über das Anliegen rationaler Aufklärung hinaus die Fähigkeit zur Identifikation mit den Opfern zu fördern; denn wer mitfühlen und mitleiden kann, kann nicht hassen und zuschlagen. Die Stundenentwürfe für die Fächer Geschichte und Politik ermöglichen auch einen fächerübergreifenden Unterricht, in den sich der Deutschunterricht und der Religionsunterricht integrieren ließe, erste konkrete Angebote liegen vor (vgl. S. 59f./70f., S. 121f./138f.). Die Verfolgung bzw. Diskriminierung von Minderheiten kritisch zu thematisieren, sollte sowohl ein wesentlicher Bildungsinhalt als auch ein gemeinsamer Bildungsauftrag der Fächer Deutsch, Religion, Geschichte und Politik sein.

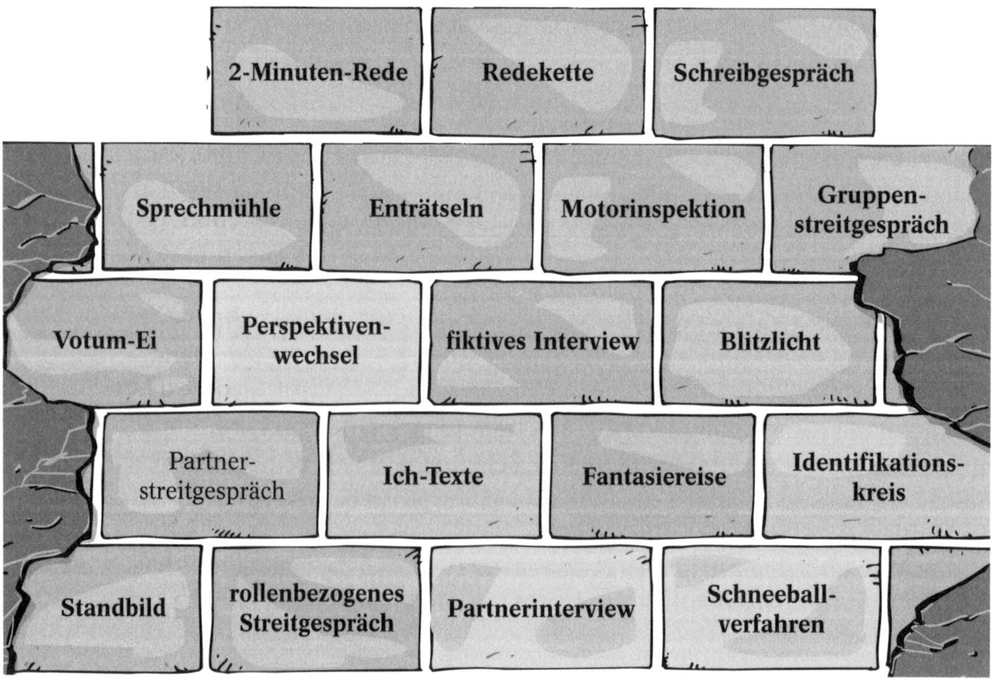

Eigentümerin beschimpfte Mieter als „Judensau“

Bewährungsstrafe für Beleidigung im Treppenhaus/ Keine verminderte Schuldfähigkeit

Seit einer Woche erst waren die mahnenden Worte zum Gedenken an die Judenverfolgungen des Novembers 1938 verklungen, da stand eine Hauseigentümerin aus dem Frankfurter Nordend vor Gericht, die seit 1992 nicht davon abzubringen war, ihre jüdischen Mieter mit „Judensau" und „Ihr gehört alle vergast" zu demütigen.

Die Worte, mit denen, wie Rechtsanwältin Silke Fröhlich in einem Schriftsatz argumentierte, in den dreißiger Jahren „der Vernichtungszug der Nazis gegen die Juden begann", wurden von der 56 Jahre alten Vermieterin zunächst auf den Anrufbeantworter des jüdischen Ehepaars gesprochen. Damit wurden sie nach juristischer Wertung nicht öffentlich, folglich nur als Beleidigung gewertet und in einem ersten Verfahren 1993 mit einer Geldstrafe von 3000 Mark [1500 Euro] bestraft.

Die bedrückende Stimmung im Fünf-Parteien-Haus änderte das nicht. Eines Tages stand „Judenstall" am Briefkasten des klagenden Ehepaars, an einem anderen Tag lag zwischen der Post eine schmutzige Unterhose. Im Februar dann eskalierte der Konflikt, den der Anwalt der Eigentümerin vor dem Amtsgericht „als Entgleisung" im Streit um angeblich nicht bezahlte Umlagen und Schmutz im Hausflur zu begründen suchte.

An jenem Tag im Februar, so schilderten es zwei Mitbewohner als Zeugen, warf die Eigentümerin wieder mal im Haus laut die Türen, während das Ehepaar und sein Sohn im Treppenhaus waren. Und diesmal, das bestritt auch die Beschuldigte nicht, rief sie „Judensau" und „Ihr gehört alle vergast" in einer Lautstärke, dass man es auf allen Etagen hören konnte.

Angesichts dieser „antisemitischen Grundhaltung" der Vermieterin, so Richterin Hansen, zeigte sich sogar ihr Verteidiger von diesem Mandat „unangenehm berührt". Zu ihren Gunsten wollte er aber auslegen, dass die 1939 Geborene „mit solchen Beschimpfungsworten groß geworden" sei und „nicht die intellektuellen Fähigkeiten" habe, „sie zu reflektieren". Auch habe sie es nach einem Unfall „körperlich sehr, sehr schwer".

Dass die Eigentümerin „schwer angeschlagen" sei und ihr „die Situation über den Kopf" wachse, war auch für den Staatsanwalt ein Entlastungsargument. Doch sei eine „geistig-psychische Schädigung", die eine verminderte Schuldfähigkeit bedeuten könnte, nicht erkennbar. Nach diesem Plädoyer bekam die Angeklagte das Wort; sie nutzte es, sich „wenigstens zu entschuldigen".

Mit der Entscheidung, es diesmal nicht bei einer Geldstrafe zu belassen, folgte die Richterin Staatsanwalt und Verteidiger. Wegen Volksverhetzung und Beleidigung wurde sie zu sechs Monaten Haft auf Bewährung und einer Geldstrafe verurteilt. Welcher Zorn sie auch getrieben haben möge, mit ihren Äußerungen habe sie „böswillig andere verächtlich gemacht" und „den öffentlichen Frieden gestört". Wenn in den nächsten zwei Jahren die Diffamierung der jüdischen Bewohner des Nordend-Hauses weitergeht, so wurde die Eigentümerin belehrt, „müssen Sie Ihre Strafe absitzen".

clau

Frankfurter Rundschau v. 21.11.1995

Didaktische Anregung:
Sie können die Quelle verfälscht präsentieren, z.B. in der Form, dass Sie die Jahreszahlen 1992, 1993, 1939 um jeweils 50 Jahre zurückverlegen, im zweiten Absatz den Hinweis auf den Anrufbeantworter löschen und die Geldstrafe mit 300 Reichsmark angeben sowie die Quellenangabe Frankfurter Rundschau auf den 21. 11. 1945 zurückdatieren. Wenn Sie diese Form der Verrätselung anspricht, müssten Sie in der folgenden Verlaufsplanung den zweiten Schritt entsprechend umgestalten und für diesen Schritt mehr Zeit einplanen. Die Fälschung der Quelle sollten Sie nicht direkt ansprechen, stattdessen diese Erkenntnis und die Identifizierung der einzelnen Fälschungen dem Reflexionsprozess der Lerngruppe überlassen. Erforderlich sind Geduld, vielleicht ein zweimaliges Lesen des Textes und indirekte Impulse. In diesem Fall wäre es auch erwägenswert, die folgende Planung auf zwei Stunden zu verteilen, so dass sich zugleich die Möglichkeit ergibt, am Ende des vierten Schrittes viele Texte vorzulesen und in aller Ruhe zu besprechen – ggf. zunächst in Kleingruppen und dann im Plenum.

Verlaufsplanung 1 für das Fach Geschichte

1. Schritt:

Informierender Einstieg (ca. 2 Min.)	a) L. informiert: Heute beginnt eine Unterrichtseinheit über die Geschichte der Judenverfolgung in Deutschland. L. nennt die inhaltlichen Schwerpunkte und legt den zeitlichen Umfang dieser Unterrichtseinheit offen. b) L. benennt das heutige Thema: Alltagserfahrungen einer jüdischen Familie.

2. Schritt:

Fantasieorientierte Hinführung zum Stundenthema (ca. 13 Min.)	a) L. liest die folgende Kurzfassung der Quelle (s. S. 83–84) vor: *Eigentümerin beschimpfte Mieter als „Judensau“* *An einem Tag im Februar, so schilderten es zwei Mitbewohner, warf die Eigentümerin mal wieder im Haus die Türen, während das jüdische Ehepaar und sein Sohn im Treppenhaus waren. Und diesmal rief sie „Judensau“ und „Ihr gehört alle vergast“ in einer Lautstärke, dass man es auf allen Etagen hören konnte.* b) L.-Frage: Wann und wo könnte das geschehen sein? (Methode **Enträtseln**) S. äußern Vermutungen. c) Die vollständige Quelle wird ausgegeben und gelesen, in der Form, dass alle nacheinander immer nur einen Satz vorlesen. d) L. oder S. erklärt die Formulierung „antisemitische Grundhaltung“.

3. Schritt:

Ein Versuch des Verstehens (ca. 15 Min.)	a) L.-gelenkte Bearbeitung der Frage: Warum beleidigt die Hauseigentümerin ihre jüdischen Mieter? – L. schreibt die Frage an die Tafel. – S. suchen im Text nach Antworten. – L. notiert vertretbare Antworten. – S. fantasieren weitere Erklärungen. – L. notiert realistische Vermutungen in Stichworten. b) L. erläutert, dass die Versuche, das Verhalten der Vermieterin zu erklären, keine Rechtfertigung, keine Entschuldigung bedeuten.

4. Schritt:

Versuch des Nachempfindens (ca. 15 Min.)	a) L. erläutert kurz den Ablauf und den Sinn der Methode **Fantasiereise**. b) L. bittet alle sich entspannt hinzusetzen und die Augen zu schließen, aber sich nicht mit dem Oberkörper auf den Tisch zu legen. Zeitgleich ertönt im Hintergrund leise Instrumentalmusik. c) L. spricht, während die Musik weiterläuft, den Text der Fantasiereise: *Stell dir vor, du bist Jude und wohnst mit deinen Eltern in einem Mehrfamilienhaus ... Ihr steht gerade zu dritt im Treppenhaus ... Plötzlich ertönt von oben die Stimme eurer Vermieterin. „Judensau“ und „Ihr gehört alle vergast“ ruft sie so laut, dass es auf allen Etagen zu hören ist ... Dann hörst du, wie die Wohnungstür der Vermieterin zuknallt ... Stille breitet sich aus ... Und du? Welche Gedanken und Gefühle gehen dir durch den Kopf?... Was würdest du gerne sagen oder machen?... Wie verhalten sich deine Eltern?... Verweile in deinen Gedanken, Gefühlen und Fantasien ...*

d) Alle entscheiden für sich, wann ihre Fantasiereise zu Ende ist, öffnen die Augen und sollen anfangen, das in der Fantasie bereits Erlebte aufzuschreiben oder sich jetzt den weiteren Verlauf der Geschichte auszudenken und in der Ich-Form aufzuschreiben.

e) Einige Texte werden vorgelesen und besprochen.

Anmerkungen

1. Im Sinne einer Vertiefung dieser Fallanalyse wäre es in einer weiteren Stunde denkbar, Vierergruppen zu **fiktiven Interviews** herauszufordern (→ Anlage, Copy, S. 88) und solch eine Stunde zu schließen mit einem **Blitzlicht** oder **Partnerinterviews** zu der Frage: Angenommen, du hättest in diesem Haus gewohnt, wie hättest du dich nach diesem Vorfall verhalten?

2. An diese Stunde könnte auch ein **Gruppenschreibgespräch** oder ein **Gruppenstreitgespräch** anschließen – pro und contra Adorno („Die Forderung, dass Auschwitz nicht noch einmal sei, ist die allererste an Erziehung.")

Kreative Alternativen:

- Im vierten Schritt könnten **2-Minuten-Reden** – wahlweise in den Rollen des jüdischen Ehemannes oder seiner Ehefrau oder seines Sohnes – in Dreiergruppen entworfen werden, Reden, die in der Jahresversammlung eines Mietervereins zu halten sind. Mehrere Kurzreden können realistischer Weise aus Zeitgründen erst in der folgenden Stunde präsentiert und besprochen werden.
- Die im dritten und vierten Schritt verfügbare Zeit könnte genutzt werden, um im Stuhlkreis nach der Methode **Identifikationskreis** zu arbeiten: Alle wählen textbezogen eine Rolle, schlüpfen in diese Rolle und gestalten sie schweigend in ihrer Fantasie. Nach und nach setzen sich einige freiwillig auf den freien Stuhl und erzählen, wer sie sind, wie sie die anderen sehen und beantworten Nachfragen.

Aufgabe:

Ihr sollt ein Interview mit einem anderen, auch in dem Haus lebenden Ehepaar

a) vorbereiten

Es sind vier Rollen zu vergeben: die des Ehepaares und die der Reporter/-innen.
Das Ehepaar und die Reporter/-innen sollten sich getrennt ca. 10 Minuten auf ihre Rollen vorbereiten.

Die folgenden Rollenanweisungen sind zu beachten:

- Das Ehepaar hat die Beschimpfungen im Treppenhaus genau gehört und weiß auch von dem vorangegangenen Strafverfahren. Die beiden bedauern die Beleidigungen, aber sie haben sich bislang in keiner Weise eingemischt.
- Die Reporter/-innen besuchen dieses Ehepaar einige Tage nach dem Vorfall im Treppenhaus und wollen insbesondere erfragen, inwieweit sie bzw. andere Mieterinnen und Mieter für die Juden Partei ergriffen haben oder noch beabsichtigen es zu tun. Die Bereitschaft sich einzumischen oder sich nicht einzumischen, soll in dem Interview deutlich zum Thema werden.

b) in der Gruppe spielen

c) und euch nach dem Interview über eure Spielerfahrungen austauschen.
Frage: Wie realistisch wurde gespielt?

„Wir hatten Angst – und Hoffnung"

Seit 1931 lebten die Kleebergs in Hannover. Erich, der Fleischersohn aus Boffzen, der kein Blut sehen konnte und deshalb Kaufmann wurde. Und Maria, die Verkäuferin aus Kassel. Zehn Jahre waren sie verlobt, und immer sagte seine Mutter: „Bitte, Erich, keine Christin." Erich ging in die Synagoge, aber er war nicht orthodox. Und nun hatte er hier eine gute Stelle gefunden: Erster Verkäufer im Kaufhaus Lindemann. Sie konnten in der Lavesstraße zusammenziehen und heirateten. Die Hochzeit fand ohne die Eltern statt.

Zwei Jahre später wird Ruth geboren, die Tochter. Doch das Glück währt nur kurz. Schon im Frühjahr 1933, nur kurz nach der Machtübernahme der Nazis, wird Erich entlassen. Drei Jahre bleibt er arbeitslos. Erst 1936 findet er wieder eine Stelle. Erich Kleeberg übernimmt den Hausmeisterposten in der Simonschen Stiftung in der Wißmannstraße. Sie ziehen in eine der neuen Wohnungen dort, und für Ruth beginnt am Vorabend von Krieg und Holocaust zumindest in der Erinnerung eine letzte Phase unbeschwerter Kindheit: Genug Platz zum Spielen, Zentralheizung, „und baden konnte ich, wann immer ich wollte".

Es wird bald enger. In der Pogromnacht im November 1938 werfen SA-Truppen bei den Großeltern in Boffzen die Scheiben der Fleischerei ein. Als Hermann Kleeberg, der Großvater, nach einigen Monaten aus dem KZ Buchenwald nach Boffzen zurückkehrt, traut sich kaum noch jemand, bei ihm zu kaufen. Frieda und Hermann Kleeberg, Vorstand im Gesangverein, im Ersten Weltkrieg ausgezeichnet mit dem Eisernen Kreuz, müssen Boffzen verlassen und ziehen zu Erich und Maria in die Wißmannstraße. Zu fünft wohnen sie in der Zweizimmerwohnung.

Die Judenfeindlichkeit bekommt auch Ruth nun immer stärker zu spüren. „Judenkind", rufen ihr andere Kinder hinterher und wollen nicht mehr mit ihr spielen. Erich Kleeberg ahnt die Gefahr. Er versucht, für seine Eltern die Ausreise in die USA zu ermöglichen – doch das Geld reicht nicht. Schließlich ist es zu spät. Im September 1941 lässt Gauleiter Hartmann Lauterbacher die hannoverschen Juden in so genannten Judenhäusern zusammenpferchen. Die Kleebergs müssen in die Ohestraße, hausen dort auf engstem Raum mit Dutzenden anderen Familien, getrennt nur durch Vorhänge. „Es waren erbärmliche Zustände", erinnert sich Ruth Kleeberg.

Sie und ihre Eltern dürfen nach einigen Wochen, wie andere christlich-jüdische Ehen auch, in ein Haus in der Herschelstraße umziehen. Für die Großeltern mündet die Zeit in der Ohestraße direkt in die Deportation. Am 15. Dezember 1941 werden sie vom Bahnhof Fischerhof in das Rigaer Getto gebracht. Erich Kleeberg hilft am Bahnhof als Ordner – und sieht seine Eltern an diesem Tag zum letzten Mal. Abends, nach der Heimkehr, wird er von Weinkrämpfen geschüttelt.

Die Kleebergs versuchen, ein geregeltes Leben aufrechtzuerhalten. Jüdische Kinder dürfen nicht mehr in die Schule. Also unterrichtet Vater Erich seine Tochter neben seiner Arbeit in der Druckerei, stellt ihr Aufgaben, kontrolliert streng. Nachts treibt die Gestapo die Bewohner im Keller zusammen und zwingt die Männer, einander zu verprügeln. Bis zum Oktober 1943 geht das so. Dann trifft eine Bombe das Haus.

Die Kleebergs können sich retten. Am nächsten Tag findet Erich eine neue Bleibe für die Familie: Im „Judenhaus" in Ahlem, auf dem Gelände der ehemaligen Israelitischen Gartenbauschule – neben dem Gestapo-Gefängnis. „Hierher zu kommen war ein Fehler", wird Erich Kleeberg später sagen. Im November 1944 wird er verhaftet und nur 50 Meter von seiner Wohnung entfernt inhaftiert. Am 5. Februar bringt ihn ein Lastwagen in das KZ Neuengamme.

Als Ruth Kleeberg, das zwölfjährige Mädchen, und ihre Mutter Maria am 10. April 1945 im Bunker in Ahlem kauern und die amerikanischen Soldaten hereinkommen, wissen sie nicht, was sie erwartet. So vieles ist offen für die Kleebergs, an diesem 10. April 1945, dem Tag, als in Hannover der Krieg zu Ende geht und an Ruth Kleebergs Mantel noch immer der gelbe Stern haftet, der Judenstern. „Wir hatten Hoffnung", sagt sie heute. „Und wir hatten auch Angst." Gegen Mittag sitzt Ruth mit anderen Kindern lächelnd neben den fremden Soldaten auf einem amerikanischen Panzer. Die Stimmung ist entspannt. Jetzt, denkt sie, wird alles gut und Vater bald zurückkehren.

An diesem 10. April lebt Erich Kleeberg noch. In den kommenden Tagen treibt die SS ihn und die anderen Häftlinge auf der Flucht vor den Alliierten planlos von Lager zu Lager. In Sandbostel erlebt er am 29. April sogar noch die Befreiung durch die Briten – und stirbt wenige Tage später an Typhus. Ruth und Maria Kleeberg erfahren das Monate später von einem seiner Mithäftlinge.

Als der Krieg vorüber ist, haben Mutter und Tochter große Hoffnungen. „Wir dachten: Jetzt werden sie alles wiedergutmachen wollen", sagt Ruth Kleeberg, die heute Gröne heißt. Doch sie werden nur in einen vierwöchigen Urlaub in Salzhemmendorf geschickt. Anschließend gibt es keine Wohnungen, und so wohnen Mutter und Tochter weiter in dem ehemaligen „Judenhaus" (letztlich sogar noch zehn Jahre).

Ruth lernt Hebräisch und bereitet sich auf die Ausreise in den jungen Staat Israel vor. Schließlich bleibt sie ihrer Mutter und eines jungen Mannes wegen. Mit 17 lernt sie ihn kennen, 1950 – und verschweigt auch ihm wochenlang, dass sie Jüdin ist. Es ist eine Art Probe, als sie ihm dann von ihrem Vater erzählt. „Ich war überzeugt, dass er zum nächsten Treffen nicht wiederkommt." Aber er kam – und Ruth Kleeberg, die noch heute in Ahlem lebt, blieb.

Nach: Thorsten Fuchs, Hannoversche Allgemeine Zeitung vom 23.04.2005

Verlaufsplanung 2 für das Fach Geschichte

1. Schritt:

Erste Text-aneignung (ca. 25 Min.)	a) Der Text „Wir hatten Angst – und Hoffnung" (s. S. 89–90) wird ausgegeben und vorgelesen. (Die Tische sollten im Rechteck angeordnet sein.) b) **Redekette** zu der Frage: Wie ist eure Meinung über die Familie Kleeberg? c) L. fordert dazu auf, den Text noch einmal still zu lesen und dabei am Rand alle wichtigen Ereignisse im Leben der Familie Kleeberg zwischen 1933 bis 1945 stichwortartig und mit Zeitangaben einzutragen.

2. Schritt:

Vertiefte Textaneignung über verschiedene Rollen (20–25 Min.)	a) L. bildet eine Gruppe von 6–8 Lernenden, die ein **Standbild** entwerfen soll zu der Szene: „Nachts treibt die Gestapo die Bewohner im Keller zusammen und zwingt die Männer, einander zu verprügeln." Wenn möglich, sollte die Gruppe zur Vorbereitung ihres Standbildes den Klassenraum verlassen können. b) Für die Vorbereitung eines **fiktiven Interviews** wird eine Vierergruppe gesucht: Eine Reporterin und ein Reporter, die für die Zeitschrift „Stern" arbeiten, sollen für eine Reportage über das Leben der Juden in Deutschland Maria und Ruth Kleeberg interviewen. Das Interview findet 1953 statt. Die Lehrkraft sollte diese Gruppe anleiten, um eine textnahe Sammlung sinnvoller und hinreichend offener Leitfragen zu erreichen und um alle Mitspielenden einfühlsam an ihre Rollen heranzuführen.

	c) Alle anderen schreiben **Ich-Texte** in der Rolle von Ruth oder Erich Kleeberg: Tagebuch-Notizen im September 1941 unter der Überschrift „Unser Leben in der Ohestraße“.

3. Schritt:

Phase der Präsentation und Reflexion (20–30 Min.)	a) Die Standbild-Gruppe baut schweigend ihr Bild auf der freien Innenfläche auf. Die anderen gehen um das Bild herum und werden von der Lehrkraft aufgefordert, das Bild bis in die Einzelheiten hinein (Mimik, Gestik, Körperhaltung) zu deuten. Anschließend signalisiert die Lehrkraft den Bild-Figuren mit einer kurzen Berührung - z. B. an der Schulter - mit einer Ich-Botschaft (ich bin ..., ich fühle mich ...) aus dem Bild zu gehen.
	b) L. erinnert an die Rollenvorgaben für das fiktive Interview, dann wird es fiktiv im „Judenhaus“ in Ahlem gespielt. L. entscheidet über den Anfang und das Ende der Spielszene. Für die Reflexion sind die folgenden Fragen wesentlich: –Wie glaubhaft waren die Antworten von Ruth und Maria Kleeberg? –Wie überzeugend wurden die verschiedenen Rollen gespielt?
	c) Mehrere Tagebuchtexte werden vorgelesen und kurz unter der Fragestellung diskutiert, inwieweit sie historisch glaubwürdig sind.

4. Schritt:

Stellungnahme (ca. 20 Min.)	a) Schreibt in Einzel- oder Partnerarbeit einen Brief an Ruth Kleeberg (unter der Annahme, dass Frau Kleeberg noch in Hannover lebt).
	b) Einige Briefe werden vorgelesen und diskutiert, ggf. kann überlegt werden, einige Briefe an Frau Kleeberg (Gröne) tatsächlich abzuschicken.

Anmerkungen

1. Für diese Doppelstunde wurde vorausgesetzt, dass die eingesetzten kreativen Methoden der Klasse bereits bekannt sind.

2. Falls die Zeitplanung nicht zu schaffen ist, können die Briefe an Frau Kleeberg auch zur Hausaufgabe werden.

Kreative Alternativen:

- Wenn in der Klasse eine vertrauensvolle Atmosphäre besteht, kann die Methode **Identifikationskreis** eingesetzt werden.
- Eine **Sprechmühle** - mit Trauermusik - wäre eine Chance, ausgewählte Szenen näher beschreiben zu lassen.
- **Schreibgespräche** in den Rollen Maria und Erich Kleeberg - bezogen auf den Oktober 1943 - wären eine Alternative zur Methode fiktives Interview.

Ruth Kleeberg, ihre Eltern und Großeltern

Verlaufsplanung 3 für das Fach Geschichte

1. Schritt:

Ausschnitte aus dem Leben von Frieda und Hermann Kleeberg im historischen Kontext nachzeichnen (ca. 10 Min.)	a) L. informiert über die Anschläge auf Synagogen und jüdische Geschäfte am 9./10. November 1938. Oder: S. hält eine zu Hause vorbereitete **2-Minuten-Rede** zu diesem Thema. b) Im Plenum wird geklärt, welche Informationen der Zeitungsartikel (s. S. 89–90) über das Leben von Frieda und Hermann Kleeberg in dem Zeitraum von 1938 bis 1941 gibt.

2. Schritt:

Versuch des Nachempfindens (ca. 20 Min.)	a) Die S. sollen schweigend in Zweiergruppen **Schreibgespräche** in den Rollen von Frieda und Hermann Kleeberg führen und sich dabei vorstellen, dass sie dicht zusammengedrängt mit vielen anderen Juden in einem Viehwaggon sitzen, Teil eines Zuges, der sie von Hannover in das Rigaer Getto transportiert. Das Thema des Schreibgesprächs lautet: Wir haben Angst und Hoffnung. Die Lernenden sollen auf einem großen Blatt Papier abwechselnd in zwei Spalten nebeneinander schreiben und in ihren Äußerungen aufeinander Bezug nehmen. b) Einige Schreibgespräche werden mit verteilten Rollen vorgelesen und auf ihre Realitätsnähe hin diskutiert. Die S. können auf ihre Gefühle in ihren Rollen angesprochen werden.

3. Schritt:

Aufklärung über jüdische Gettos in Osteuropa (ca. 15 Min.)	a) L.-Vortrag, Basisinformationen: In vielen Städten Polens, Weißrusslands und der baltischen Länder wurden 1940/41 für die einheimischen Juden geschlossene und bewachte Gettos geschaffen, auch um die bereits enteigneten Juden von der weiteren Beteiligung an Industrie und Handel auszuschließen. In Riga entstanden im Oktober 1941 zwei Gettos für die lettischen Juden. In Riga wurden bereits zwischen dem 8. November und dem 8. Dezember 1941 von 28.800 in den Gettos lebenden Juden 24.000, auch zahlreiche jüdische Arbeitskommandos, in den umliegenden Wäldern von deutschen Polizeitruppen mit Maschinengewehren erschossen. Russische Kriegsgefangene wurden zuvor gezwungen Hinrichtungsgruben auszuheben. In Kowno (Litauen) wurde an einem einzigen Tag, dem 28. Oktober 1941, die Hälfte der Gettobewohner, etwa 10.000 Menschen, hingerichtet. Juden aus dem Reich wurden zu Zehntausenden in die osteuropäischen Gettos deportiert (nachweislich kamen Deportationszüge aus Dortmund, Hannover, Berlin und Wien nach Riga). Reichsjuden, die keine Bedeutung für die Kriegswirtschaft hatten, wurden direkt zu den Hinrichtungsstätten geschickt. Insgesamt wurden in dem Zeitraum Oktober 1941 bis zum 31.01.1942 allein in den baltischen Ländern mehr als 220.000 Juden erschossen. In der zweiten Hälfte 1942 wurden die in den Gettos noch Lebenden bewusst dem Hungertod ausgesetzt. Der mächtige Nationalsozialist, Polens Generalgouverneur Frank, ordnete im Oktober 1942 z. B. eine Kürzung der Zuteilungen von Lebensmitteln für die Juden Warschaus an und notierte dabei in seinem Tagebuch: „Während der Wintermonate wird die Sterblichkeit zweifellos steigen, aber der Krieg bringt die völlige Vernichtung der Juden mit sich." Mit dem Aufstand im Warschauer Getto im April 1943 begann die Schlussphase: Alle Gettos wurden nach und nach aufgelöst und niedergerissen,

	ihre Bewohner traten den Weg zu den Hinrichtungsstätten oder Gaskammern an, nur ein geringer Teil überlebte in Arbeitslagern (→ Anm. 1). b) Wann und wie endete wahrscheinlich das Leben von Frieda und Hermann Kleeberg? Austausch von Vermutungen und Versuche ihrer Begründung.

Anmerkungen

1. Diese und weitere historische Informationen finden Sie in: Reitlinger, Gerald: Die Endlösung. Hitlers Versuch der Ausrottung der Juden Europas 1939–1945, Colloquium Verlag, 5. Auflage, Berlin 1979 (vgl. S. 62, S. 101 f., S. 239 f.)

2. Die nächste Geschichtsstunde könnte mit der Methode **Perspektivenwechsel** gestaltet werden. Unter Berücksichtigung aller vorliegenden Informationen soll die Quelle „Wir hatten Angst - und Hoffnung“ in der Rolle als Reporter/-innen neu entworfen werden und dabei das Leben und die mutmaßliche Sicht der Großeltern in den Mittelpunkt rücken.

Kreative Alternativen:

- **Standbilder** - z. B. zur Situation am Bahnhof Fischerhof oder im Deportationszug - wären eine Alternative zu den Schreibgesprächen im zweiten Schritt. Am Ende sollten die Mitspielenden nacheinander mit kurzen Ich-Botschaften aus dem jeweiligen Standbild herausgehen.
- Eine **Sprechmühle** - mit Fragen zur Situation am Bahnhof Fischerhof, im Deportationszug, am Bahnhof in Riga - könnte den zweiten Schritt gestalten.

Er wirkte ängstlich, „da dachten wir uns, den verarschen wir"

Von Thomas Maron (Würzburg)

Wegen Beleidigung, Nötigung, Diebstahls [...] sind vor der Würzburger Jugendkammer drei Angeklagte im Alter zwischen 15 und 20 Jahren verurteilt worden. Sie hatten gestanden, während einer Straßenbahnfahrt einen behinderten Fahrgast gedemütigt und bestohlen zu haben.

Sie sind nicht etwa der rechten Szene zuzurechnen, sie hatten schlicht nichts zu tun an jenem Samstag Nachmittag. Da kam ihnen der behinderte junge Mann, der in der Straßenbahn saß, gerade recht. „Wir haben gemerkt, dass er ängstlich ist. Da dachten wir uns, den verarschen wir", sagt einer der drei Verurteilten später den ermittelnden Polizisten. Erst hatten sie den Eingeschüchterten rüde angerempelt, dann bespuckt und an den Haaren gezogen. Eine junge Frau nahm dem fast blinden Mann die Brille weg, die anderen zogen an seinen Haaren und hinderten ihn am Aussteigen. Als sie selbst die Straßenbahn verließen, klauten sie den Rucksack ihres Opfers samt Geldbeutel und EC-Karte.

Keiner der Passanten kam dem Behinderten an jenem Samstag Nachmittag während dieser demütigenden Fahrt durch die Würzburger Innenstadt zu Hilfe. Die Biographien der drei jungen Leute, zwei Männer und eine Frau, lesen sich wie Chroniken des Scheiterns: Hauptschulabschluss vermasselt, mehrere Ausbildungen abgebrochen, arbeitslos, Gelegenheitsdiebstähle. Eltern geschieden, am Nachwuchs nicht interessiert oder alkoholabhängig, so weitere Daten, die der Prozess zutage förderte. „Aus Faulheit" habe er den Schulabschluss nicht geschafft, sagte einer der drei Verurteilten dem Jugendrichter. Für was hätte er sich auch reinhängen sollen, fragt er? Ohne Perspektiven sei er gewesen.

Das habe sich aber geändert. Nun träumt der Verurteilte vom „Leben in der Karibik", glaubt, sich dort eine Zukunft aufbauen zu können. Wie, das weiß der 20-Jährige nicht. Den 15-Jährigen, der jetzt verurteilt wurde, hat die gesetzliche Jugendhilfe aufgegeben. Er weigere sich beharrlich, an der Verbesserung seiner Lebensumstände mitzuwirken, hieß es während der Verhandlung. Jahrelang wohnte er mit seinen Eltern und drei Geschwistern in einer Zweizimmerwohnung. Die Absteige, in der er jetzt lebt, bezahlt das Sozialamt. Die Lehrer an seiner Schule sehen ihn kaum. Aus Fördereinrichtungen haut er immer wieder ab. „Es tut mir leid", sagt er emotionslos. Reue jedoch lässt er – wie die anderen auch – nicht erkennen.

Die junge Frau ist selbst behindert, dennoch machte sie mit bei dem fiesen Spiel. Dass sie die Jungs sogar aufgehetzt haben soll, bestreitet sie allerdings. Schließlich habe sie in der Gruppe nichts zu melden gehabt. Sie habe sich nicht ausgegrenzt fühlen wollen, behauptet sie. Dann kichert sie wieder ihren Nachbarn auf der Anklagebank zu, fährt sich mit der Hand durchs lange, schwarze Haar.

Der Richter urteilt milde, zwischen 50 und 100 Euro müssen die jungen Leute an ihr Opfer zahlen, zwischen 16 und 24 Stunden soziale Hilfsdienste ableisten. Und sich schriftlich bei ihrem Opfer entschuldigen. Die jungen Leute nehmen das Urteil ohne große Regung hin. Die Verhandlung ist vorbei: Zeit zu rauchen.

Frankfurter Rundschau v. 9.10.1997

Verlaufsplanung 4 für das Fach Sozialkunde/Politik

1. Schritt:

Fantasie-orientierter Einstieg (ca. 15 Min.)	a) L. liest die ersten vier Zeilen der Quelle - von „Wegen Beleidigung“ bis „bestohlen zu haben“ (s. S. 97) - vor. b) Austausch von Fantasien: Was könnte im Einzelnen geschehen sein? Welche Gründe sind denkbar? (Methode **Enträtseln**) c) Die vollständige Quelle (s. S. 97–98) wird ausgegeben und gelesen. d) S. unterstreichen im zweiten Absatz die Sätze von „Erst hatten sie den Eingeschüchterten“ bis „samt Geldbeutel und EC-Karte“.

2. Schritt:

Produkt-orientierte Bearbeitung (15 bis 20 Min.)	a) L. bietet drei Angebote zur Auswahl: - Eine Gruppe soll zu den Übergriffen in der Straßenbahn ein **Standbild** entwerfen. L. erläutert kurz die Methode Standbild. Die Gruppe sollte mindestens sechs Lernende umfassen, so dass auch Passanten in das Standbild einbezogen werden können. Wenn sich die Gruppe in einen anderen Raum zurückziehen könnte, wäre das hilfreich. Wenn der Gruppe eine Sofortbild- oder Digitalkamera zur Verfügung stünde, könnte das Standbild bereits in der Phase der Gruppenarbeit fotografiert werden (→ Anm. 1). - Eine zweite Gruppe - maximal drei Personen - könnte zum Tatgeschehen ein Bild zeichnen und die Gedanken und Gefühle der Beteiligten durch Sprechblasen zum Ausdruck bringen.

	– Alle anderen sollen in Einzelarbeit einen Brief an einen Freund verfassen, den das Opfer nach der Tat geschrieben haben könnte (→ Anm. 2). b) Die Klasse arbeitet im Sinne dieser drei Aufgaben.

3. Schritt:

Phase der Präsentation (ca. 20 Min.)	a) Die Standbild-Gruppe baut ihr Bild auf. Die anderen haben die Aufgabe, das Bild zu beschreiben und zu deuten. Am Ende fordert die Lehrkraft mit einer kurzen Berührung – z. B. an einem Arm – die Bild-Figuren dazu auf, mit einer Ich-Botschaft (ich bin ..., ich fühle mich ...) nacheinander aus dem Bild zu gehen. b) Die Bild-Gruppe zeigt und erläutert ihr Bild. c) Mehrere **Ich-Texte** werden vorgelesen und kurz unter der Fragestellung besprochen, inwieweit sie zur Rolle des behinderten Menschen passen.

4. Schritt:

Rollenbezogenes Streitgespräch (ca. 35 Min.)	a) L. schreibt das Thema des geplanten Streitgesprächs an die Tafel: Was kann getan werden, um solche Übergriffe gegenüber Menschen mit Behinderungen zu verhindern? b) Die Klasse teilt sich in vier Gruppen auf. c) L. erklärt kurz die Methode **rollenbezogenes Streitgespräch**. L. gibt in jede Gruppe zwei Rollenkarten (→ Anlage, Copy, S. 103). L. schreibt die Aufgabe an die Tafel: Jede Gruppe soll ihre Rolle mit Blick auf das Thema des Streitgesprächs inhaltlich vorbereiten, auch die Gegenargumente bedenken, und ein Gruppenmitglied für diese Rolle auswählen.

	d) Das Streitgespräch wird gespielt. L. eröffnet und moderiert die Podiumsveranstaltung in der Rolle eines bekannten Politikers. Auf den Tischen der Beteiligten stehen Namensschilder. Die nicht Teilnehmenden spielen ein aktives Publikum in der Rolle von Bürgerinnen und Bürgern der Stadt Würzburg. e) L. lenkt ein auswertendes Gespräch: – Welche Vorschläge zur Verhinderung von Übergriffen gegenüber Menschen mit Behinderungen wurden gemacht? – Welche Vorschläge haltet ihr für richtig und durchsetzbar?

5. Schritt:

Hausaufgabe (1 Min.)	L. formuliert Hausaufgabe: Entwerft in der Rolle des Bürgermeisters von Würzburg eine **2-Minuten-Rede** zu diesem Vorfall.

Anmerkungen

1. Wenn der Klasse die Methode Standbild unbekannt ist, sollte die Lehrkraft die Gruppe in den ersten Minuten beratend anleiten, z. B. anregen, mit symbolischen Elementen zu arbeiten.

2. Eine Zusatzaufgabe könnte lauten: Entscheide dich für eine Person aus der Tätergruppe und entwerfe Tagebuch-Notizen aus der Sicht dieser Person (Methode **Ich-Texte**).

Aufgabe:

Entwerfen Sie eine andere Verlaufsplanung zur Auseinandersetzung mit dem Zeitungsartikel auf S. 97–98.
Prüfen Sie die Eignung der kreativen Alternativen für Ihren Entwurf.

Kreative Alternativen:

- Wenn die Quelle zu Stundenbeginn ganz ausgegeben und gelesen wird, könnte eine erste Annäherung über eine **Sprechmühle** folgen. Fragen:
  (1) Warum wurde der behinderte Mensch angegriffen?
  (2) Wie mag der behinderte Mensch die Tat erlebt haben?
- **Gruppenschreibgespräch:** An der Tafel steht die Frage des Streitgesprächs. Alle sitzen an ca. sechs Gruppentischen, auf jedem liegt ein großer Papierbogen aus. Zunächst beantworten alle schriftlich und schweigend die Frage. Im Hintergrund läuft leise Musik. Dann werden die S. aufgefordert, an allen Gruppentischen herumzugehen und die Beiträge der anderen schriftlich und schweigend zu kommentieren. L. stoppt die Musik und signalisiert damit das Ende dieser Phase. Danach sollen die S. wieder an ihrem Gruppentisch Platz nehmen und eine erste Diskussion führen, die im Plenum fortgeführt werden kann.

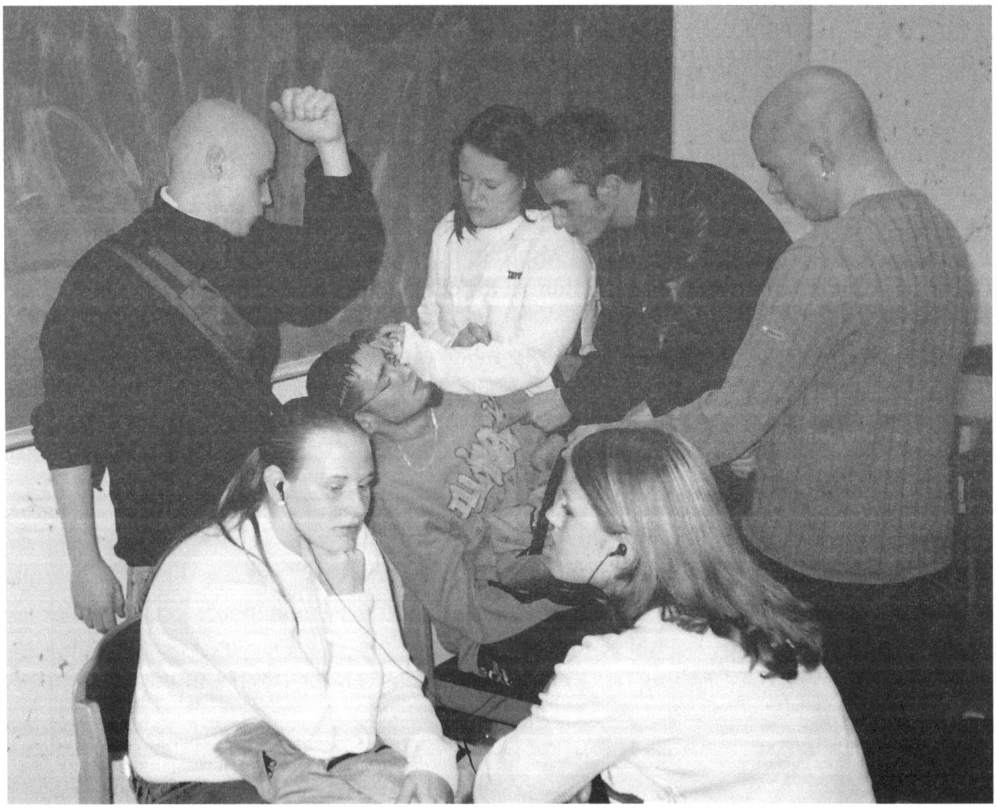

Methode Standbild zur Quelle auf Seite 97

Rollenkarten

Zwei Gruppen erhalten die Rollenkarten 1 und 2, zwei Gruppen erhalten die Rollenkarten 3 und 4. Jede Gruppe soll nur eine Rolle vorbereiten, aber die Sicht der Gegenrolle mit bedenken.

Rollenkarte 1

Klaus Bernhard, Sprecher eines Behindertenverbandes

- 51 Jahre, verheiratet, Vater zweier Kinder,
- sammelt Berichte über Misshandlungen an behinderten Menschen,
- fordert mehr Engagement der Schulen für Menschen mit Behinderungen:
  Ausbau der integrierten Beschulung, Erziehung zur Toleranz mit Hilfe weiterer Projektwochen ...

Rollenkarte 2

Silke Schröder, Leiterin einer Realschule

- 44 Jahre, ledig,
- beklagt die Überforderung der Schulen. Zusätzliche Belastungen sind nicht mehr zu verkraften,
- betrachtet die Forderungen des Behindertenverbandes als nicht machbar,
- fordert stattdessen mehr Engagement der Väter und Mütter in der Betreuung und Erziehung ihrer Kinder ...

Rollenkarte 3

Bärbel Nowak, Sozialarbeiterin

- 32 Jahre, verheiratet, keine Kinder,
- kennt die jugendlichen Straftäter,
- fordert mehr Geld für staatliche Projekte, um gewaltbereite Jugendliche zu therapieren, ihnen neue Schul- und Ausbildungschancen zu eröffnen ...

Rollenkarte 4

Jürgen Becker, Stadtkämmerer

- 62 Jahre, verheiratet, drei Kinder,
- beklagt die hohe Verschuldung der Stadt und das sinkende Steueraufkommen,
- sieht keine Möglichkeit, Geld für neue Projekte mit jugendlichen Problemgruppen zur Verfügung zu stellen,
- fordert von den Bürgerinnen und Bürgern mehr Mut, sich einzumischen, wenn Gewalt gegen Menschen ausgeübt wird ...

Vermieter weisen schwarze Frau ab

Bis vor gut zwei Monaten war für Abby A. die Welt noch in Ordnung. Seit drei Jahren lebt die in Nigeria geborene junge Frau bei einem Bekannten in einem schmucken Einfamilienhaus in Badenstedt. Sie hat einen festen Job, nette Kollegen, gute Freunde. Abby, in London aufgewachsen und britische Staatsbürgerin, fühlt sich rundum wohl in Hannover. Als sie sich auf die Suche nach einer eigenen Wohnung macht, ändert sich dies jedoch. „Die Leute hier wollen nicht an Schwarze vermieten", sagt sie.

Mitte August beginnt Abby, die als EDV-Administratorin bei einem großen hannoverschen Unternehmen arbeitet, Wohnungsanzeigen in der Zeitung zu sichten. Erster Versuch: eine Zweizimmer-Altbauwohnung in der List. Der Vermieter ist am Telefon sehr freundlich und lädt die 28-Jährige zum Besichtigungstermin ein. Dass sie farbig ist, erzählt sie nicht. „Ich habe gar nicht darüber nachgedacht." Als Abby dem Mann schließlich gegenüber steht, mustert er sie von oben bis unten. Ob sie wirklich die Dame sei, mit der er telefoniert habe? Und dann erklärt er plötzlich: „Tut mir leid, die Wohnung ist schon weg."

Zu Hause sei sie in Tränen ausgebrochen, erinnert sich die Diplom-Informatikerin. „Er hat nur auf meine Hautfarbe geschaut, ich hatte keine Chance, mich selbst, meine Person vorzustellen." Der zweite Versuch verläuft ähnlich. Nachdem der Vermieter erklärt hat, die Wohnung sei vergeben, ruft ein Bekannter nochmals an – und bekommt einen Termin, um die Räume anzuschauen.

Fortan stellt Abby, die sehr gut Deutsch spricht, schon am Telefon klar, dass sie Schwarze ist. Mindestens 50 Wohnungen sieht sie sich an – ohne Erfolg. „Es gab drei Reaktionen", berichtet sie. „Manche erklärten sofort, dass sie nicht an Farbige vermieten. Andere sagten, dass sei nicht so gut, aber man könne sich ja mal treffen. Die letzten betonten, sie hätten kein Problem damit." Doch auch von ihnen schließt keiner mit der jungen, attraktiven Frau einen Mietvertrag ab. „Als sie mich sahen, haben sie es sich schnell anders überlegt", schildert Abby ihre Empfindungen.

In ihrem Taschenkalender hat sie alles genau protokolliert, jede zu einer von ihr ausgesuchten Wohnung gehörende Anzeige ausgeschnitten und beim Datum der Absage eingeklebt. „Das sind keine Zufälle, das hat System", meint die junge Frau aufgebracht. Schließlich sei der Wohnungsmarkt entspannt, sie habe eine sichere Anstellung und verdiene gut. Eine Freundin, die aus Irland nach Hannover gekommen sei, habe sofort eine Wohnung gefunden. „Kein Wunder, sie ist weiß."

„Drei Jahre lebe ich schon hier, und bisher hatte ich keine Probleme mit meiner Hautfarbe. Ich hätte nie gedacht, dass die Menschen so sein können", sagt Abby. Sie fühlt sich „enttäuscht und verletzt". Daran ändert auch nichts, dass sie mittlerweile einen Mietvertrag für eine kleine Wohnung in der Calenberger Neustadt unterschrieben hat – 60 Quadratmeter, Nachkriegsbau. „Es ist eine Bleibe, mehr nicht", erklärt sie, und es klingt wie eine Mischung aus Wut und Trotz. „Ach ja, und die Vermieterin hat mir natürlich auch deutlich zu verstehen gegeben, dass sie an Schwarze ja eigentlich nicht vermiete." jk

Hannoversche Allgemeine Zeitung v. 29.10.1997

Verlaufsplanung 5 für das Fach Sozialkunde/Politik

1. Schritt:

Emotionale Annäherung an das Thema „Diskriminierung“ (ca. 25 Min.)	a) L. kündigt als Einstieg eine **Fantasiereise** an, bittet alle sich entspannt hinzusetzen und die Augen zu schließen – zugleich ertönt im Hintergrund leise Instrumentalmusik (→ Anm. 1). b) L. spricht, während die Musik weiterläuft, den Text der Fantasiereise (langsam und mit kleinen Pausen): *Stell dir vor, deine Hautfarbe ist schwarz ... Du sitzt an einem Freitagnachmittag in einer Straßenbahn ... Es sind viele Menschen in der Bahn, aber der Platz neben dir bleibt leer ... Auch die zwei gegenüberliegenden Plätze bleiben leer ... Aggressive Blicke treffen dich ... Du spürst die Ablehnung der Anderen ... Deine Hautfarbe ist schwarz ... Welche Gefühle und Gedanken gehen dir durch den Kopf? ... Was möchtest du gerne sagen oder machen? ... Verweile in deiner Fantasie ...* c) Alle entscheiden selber, wann ihre Fantasiereise zu Ende ist, beginnen das in der Fantasie Erlebte aufzuschreiben oder fantasieren jetzt schriftlich in der Ich-Form den weiteren Verlauf des Geschehens. d) Einige Texte werden vorgelesen. Rückmeldungen zur Methode Fantasiereise sind auch möglich. e) L. liest den Zeitungsartikel „Wenn der Sitzplatz gegenüber leer bleibt ...“ vor (→ Anlage, Copy, S. 110). f) Die S. haben Raum für spontane Äußerungen.

2. Schritt:

Orientierung am Fall „Vermieter weisen schwarze Frau ab“ (ca. 30 Min.)	a) Der Zeitungsartikel wird ausgegeben und gelesen (s. S. 104–105). b) Die S. haben Raum für einige Äußerungen. c) L. fordert alle auf, in der Ich-Form mögliche Gedanken und Gefühle der Vermieter aufzuschreiben. Oder: L. arbeitet im Stuhlkreis nach der Methode **Identifikationskreis**: Alle wählen sich textbezogen eine Rolle, mehrere S. setzen sich nacheinander auf den freien Stuhl, erzählen, wer sie sind, wie sie sich fühlen, wie sie die anderen sehen und antworten in ihrer Rolle auf Fragen aus dem Plenum. d) Mehrere **Ich-Texte** werden vorgelesen. L. sammelt in Stichworten an der Tafel die angesprochenen Vorurteile bzw. Befürchtungen. Oder: Der Stuhlkreis als Symbol für den Identifikationskreis wird wieder aufgelöst.

3. Schritt:

Politische Antworten suchen und prüfen (25–30 Min.)	a) L. kündigt eine **Sprechmühle** an, erklärt den Ablauf und den Sinn dieser Methode. b) L. präsentiert Musik und die Schüler schlendern wie auf einem Marktplatz herum. c) Nach ca. einer Minute stoppt L. die Musik, S. finden sich zu Zweiergruppen zusammen. L. stellt eine Frage, die in allen Zweiergruppen gleichzeitig besprochen wird. Wenn hörbar bzw. sichtbar wird, dass die meisten Zweiergruppen verbal ins Stocken geraten, wird die Musik wieder angeschaltet und alle schlendern erneut herum – bis zum nächsten Musik-Stopp, der Bildung von neuen Zweiergruppen …

	Es sind drei Durchgänge geplant. 1. Welche Möglichkeiten haben Menschen anderer Hautfarbe, sich dagegen zu wehren, als Menschen zweiter Klasse behandelt zu werden? 2. Wo können Menschen anderer Hautfarbe Hilfe und Unterstützung finden, wenn sie benachteiligt werden? 3. Was kann geschehen, um Vorurteile gegenüber Menschen anderer Hautfarbe abzubauen? d) L.-gelenktes Auswertungsgespräch zu den Fragen der Sprechmühle. Die Fragen sollen in zwei Schritten besprochen werden: – Welche Ideen wurden gefunden? (Ggf. Tafelbild) – Welche Ideen sind machbar und erfolgversprechend?

4. Schritt:

Feedback geben (5–10 Min.)	a) L. zeichnet ein Spiegelei an die Tafel (**Votum-Ei**). b) L. sitzt mit dem Rücken zur Tafel. S. geben mit einem Kreuz schweigend zu erkennen, wie interessant oder uninteressant die Methodik dieser Doppelstunde für sie war. Kreuz in das Gelbe vom Ei bedeutet: sehr interessant. Kreuz auf die Grenze zwischen Gelb und Weiß bedeutet: interessant. Kreuz im weißen Bereich heißt: weniger interessant. Kreuz außerhalb der Eifläche bedeutet: gar nicht interessant. c) Wer mag, kann sein Kreuz erklären.

Anmerkungen

1. Es wäre für die gesamte Doppelstunde hilfreich, wenn die Tische bereits zu Stundenbeginn im Rechteck bzw. U-Form angeordnet wären. Soweit sich Farbige in der Lerngruppe befinden, wäre zu

erwägen, sie von der Fantasiereise freizustellen, ihnen stattdessen einen Beobachtungsauftrag zu geben.

2. Eine mögliche Hausaufgabe könnte lauten: Schreibt einen Leserbrief, in dem ihr zu dem Fall „Vermieter weisen schwarze Frau ab" Stellung nehmt.

Kreative Alternativen:

- Im ersten Schritt könnte mit der Methode **Enträtseln** begonnen werden. L. gibt folgenden Text aus:
  Bis vor gut zwei Monaten war für Frau A. die Welt noch in Ordnung. Seit drei Jahren lebt die junge Frau bei einem Bekannten in einem Einfamilienhaus in Badenstedt. Sie hat einen festen Job, nette Kollegen, gute Freunde. Frau A. fühlt sich rundum wohl in Hannover. Als sie sich auf die Suche nach einer eigenen Wohnung macht, ändert sich dies jedoch. „Die Leute wollen einfach nicht an mich vermieten", sagt sie.
  WARUM?
  Die S. äußern ihre Vermutungen zu dieser Frage, anschließend wird die Originalquelle ausgegeben. Da dieses Vorgehen nicht so zeitintensiv ist wie die ursprünglich geplante Fantasiereise, könnte der zweite Schritt um den Punkt e) ergänzt werden und an dieser Stelle der GG-Artikel 3, Absatz 3 einbezogen werden.
- Eine Alternative zur Sprechmühle wären wechselseitige **Partnerinterviews** oder das **Schneeballverfahren**. In diesem Fall würde ich nur zwei Fragen vorgeben, verbunden mit der Auflage, sich bei jeder Frage schriftlich auf drei Ideen zu einigen. Die Phase der Vierergruppen sollte aus Zeitgründen übersprungen werden.

Wenn der Sitzplatz gegenüber leer bleibt …

Von Eva Bredow

DARMSTADT. „Einmal saß ich im Bus, ich habe mich nach vorne gesetzt. Der Busfahrer hat mich gesehen und zu mir gesagt, ich muss nach hinten gehen, mich hinten hinsetzen. Damals habe ich geweint. Ich habe die ganze Zeit geweint, weil ich viel darüber nachdenken musste, warum. Vielleicht durfte ich nicht vorne sitzen, weil ich schwarz bin" – das ist einer Frau aus Sierra Leone im Bus zwischen Messel und Darmstadt passiert.

Von seinen Erlebnissen in der Straßenbahn erzählt ein Ghanaer: „Da gibt es diese gegenüberliegenden Sitze, vier Leute können da sitzen. Gerne würde ich mit drei anderen Leuten zusammen dort sitzen. Aber selbst wenn die Straßenbahn total voll ist, sind die Plätze neben und gegenüber von mir immer leer." Zwei Geschichten von vielen, die zeigen, dass es vor allem diese täglichen „Kleinigkeiten" sind, die Menschen anderer Nationen oder Hautfarbe das Leben in Deutschland Tag für Tag schwer machen – in öffentlichen Verkehrsmitteln, auf der Straße, am Arbeitsplatz, bei der Wohnungssuche, in Flüchtlingsunterkünften oder Behörden.

Frankfurter Rundschau v. 17.10.1996

Mit fünfzig weg vom Fenster

Von Bernhard Honnigfort (Dresden)

Es fällt ihm gar nicht leicht, dem kleinen Mann mit grauem Haar und hellem Pullover, über sich zu reden. Über seine Aussichten, über das, was er erlebt hat, und das, was vielleicht alles noch auf ihn zukommt. Manchmal muss er schlucken und seine Sätze noch einmal von vorne anfangen. „Die da oben", sagt er zum Beispiel, „die können doch machen, was sie wollen. Es ändert sich sowieso nichts." [...]

Der Mann heißt Günter Zeiger und betrachtet das Ganze aus seiner Perspektive: Er wohnt in Radeberg, der Bierstadt bei Dresden, und ist seit Jahren arbeitslos. Nicht, dass er nicht arbeiten wollte. Er findet nichts in Radeberg und Umgebung. Seine Geschichte ist eine typische Ostarbeitslosengeschichte. Er fühlt sich zu alt, um noch einmal ganz woanders von vorn anzufangen. Er ist aber zu jung, um nichts zu tun. Und da, wo er wohnt, ist Arbeit Mangelware. Um es kurz zu machen: 1968 lernte er Schlosser, arbeitete als Instandhaltungsklempner beim VEB Bauvibriermaschinen in Radeberg mit 180 anderen. Zu DDR-Zeiten war das. Nach dem Mauerfall wurde der Betrieb verkauft. Zeiger arbeitete immer noch dort, jetzt als Schweißer, aber nur noch mit 50 Kollegen. Im Mai 1997 ging der Betrieb in Insolvenz (Zahlungsunfähigkeit). Zeiger hatte ein bisschen Glück im Unglück. Er durfte zwei weitere Jahre für den Konkursverwalter arbeiten, aber 1999 war dann auch für ihn Schluss.

Wie gesagt, es fällt ihm nicht leicht, über sich zu sprechen, vor allem über das, was danach kam, nach 1999: Er wollte sich umschulen lassen. Schwere Sachen kann er nicht mehr tragen, zwei Bandscheiben sind kaputt. Das Arbeitsamt schickte ihn zur Versicherungsanstalt, und dort saß ein junger Mann, zwanzig Jahre jünger als Günter Zeiger, und sagte ihm: „Klar lass' ich Sie umschulen. Kein Problem, wenn Sie mir vorher einen Betrieb sagen, der Sie übernehmen wird."

Und das war es dann. Zeiger hat gesucht, gefragt, geschrieben, im Bekanntenkreis herumgehorcht, nichts, keiner wollte ihn. „Warum soll ich Sie denn umschulen, Sie stünden dann mit 18-Jährigen auf einer Stufe", hatte ihm der junge Mann von der Versicherungsanstalt gesagt. „Was glauben Sie, wer dann genommen würde?"

Keine Umschulung, keine Arbeit. Seitdem beschäftigt sich Günter Zeiger. Er kümmert sich um den Haushalt, er hat sich selbst am Computer weitergebildet. Er kümmert sich um den Sportverein in Radeberg, organisiert Fußballturniere für Jugendliche und Freizeitmeisterschaften.

Alles ehrenamtlich. Eine Stelle in einer Arbeitsbeschaffungsmaßnahme bekam er zwischendurch einmal und zwar in einer Dresdner Arbeitsloseninitiative. Ausgerechnet. Als Berater. Aber das ist auch schon wieder fast ein Jahr her. Günter Zeiger bekommt 750 Euro Arbeitslosengeld, aber nicht mehr lange, sagt er. Seine Frau arbeitet in einer Konditorei für sechs Euro die Stunde. „Dafür würde in Bayern kein Mensch putzen gehen", sagt er. Für die 66 Quadratmeter große Wohnung zahle er 350 Euro Miete. Insgesamt komme er „so lala" über die Runden. Er wolle aber nicht klagen. [...]

Er habe seine Familie in Radeberg, seine Freunde und Bekannten. Er werde sparsam leben müssen, das kenne er noch aus DDR-Zeiten. Mit 50 Jahren noch einmal umziehen, ganz von vorne anfangen – nein, das wolle er nicht. Aber wenn er an die Rente denkt, die er einmal bekommt, dann werde ihm ganz anders, sagt er. „Wie soll ich denn die nächsten 30 Jahre über die Runden kommen?", fragt er. „Das wird ein Abstieg bis zum Lebensende."

Frankfurter Rundschau v. 3.03.2003

Demonstration vor dem Erfurter Landtag am 14. 06. 2001

Verlaufsplanung 6 für das Fach Sozialkunde/Politik

1. Schritt:

Annäherung an das Thema (ca. 5 Min.)	a) L. legt oder malt mit Kreide ein großes A als Symbol für das Thema „Arbeitslosigkeit“ auf den Fußboden. Impuls: Nehmt bitte stehend und schweigend eine Position ein. Je größer eure persönliche Nähe zum Thema „Arbeitslosigkeit“, desto näher am Symbol solltet ihr stehen (Methode **Motorinspektion**). b) S. nehmen stehend eine Position ein. (Dieser Einstieg setzt voraus, dass die Tische in U-Form oder im Rechteck angeordnet sind.) c) L. ermutigt einige S., die sehr nahe am Symbol stehen, ihre gewählte Position in Worte zu fassen, die S. dürfen diese Anforderung aber auch verweigern.

2. Schritt:

Sich über das Thema „Arbeitslosigkeit“ am Fallbeispiel informieren (15–20 Min.)	a) L. verteilt den Zeitungsartikel „Mit fünfzig weg vom Fenster“ (s. S. 111–112). Er wird laut vorgelesen, in der Form, dass jede Schülerin/jeder Schüler immer nur einen Satz vorliest (→ Anm. 1). b) Austausch von spontanen Äußerungen über das Schicksal von Günter Zeiger. c) L.-gelenktes Gespräch: Der berufliche Werdegang von Günter Zeiger wird in der Form einer Zeitleiste erarbeitet. Das Ergebnis wird an der Tafel festgehalten.

3. Schritt:

Sich einfühlen (15–20 Min.)	a) L. bietet drei Angebote zur Auswahl: – Eine Vierergruppe soll ein **fiktives Interview** mit dem Ehepaar Zeiger vorbereiten (→ Anm. 2). Die Rolle des Reporters/der Reporterin soll doppelt besetzt werden. – Eine Gruppe soll zu der Situation im Büro der Versicherungsanstalt ein **Standbild** entwerfen. – Alle anderen sollen in Einzelarbeit die Perspektive der Ehefrau einnehmen und orientiert an den Jahreszahlen 1970 – 1990 – 1998 – 2002 – 2003 niederschreiben, wie sie den beruflichen Werdegang ihres Mannes erlebt hat (Methode **Perspektivenwechsel**). b) S. bearbeiten die gewählte Aufgabe.

4. Schritt:

Phase der Präsentation (ca. 20 Min.)	a) Die Standbild-Gruppe baut schweigend ihr Bild. Die anderen haben die Möglichkeit das Bild zu beschreiben und zu deuten. Anschließend sollte ein Gruppenmitglied erklären, was die Gruppe wie darstellen wollte. b) Das fiktive Interview soll vor der ganzen Klasse gespielt werden. L. skizziert mit einigen Sätzen ein Café als Hintergrundkulisse und entscheidet über den Anfang und das Ende der Szene. Die Frage, inwieweit realistisch gespielt wurde, sollte kurz diskutiert werden. c) Mehrere Texte aus der Sicht der Ehefrau werden vorgelesen und gegebenenfalls spontan kommentiert.

5. Schritt:

Die Suche nach politischen Lösungen (30–40 Min.)	a) L. erklärt kurz die Methode **Schneeballverfahren**. b) S. bearbeiten in Partnerarbeit die Aufgabe: Einigt euch auf zwei politische Ideen, die machbar sind und Herrn Zeiger wieder zu einem Arbeitsplatz verhelfen können. Das Ergebnis ist schriftlich festzuhalten. c) Je zwei Zweiergruppen setzen sich zusammen, tauschen die Ergebnisse der Partnerarbeit aus und sollen sich auf zwei politische Ideen einigen, das Ergebnis der Einigung aufschreiben. d) In der letzten Phase bilden je zwei Gruppen eine Großgruppe, mit der gleichen Aufgabe und der gleichen Zielsetzung. e) Die Ergebnisse der Großgruppen sollten im Plenum ausgetauscht und vergleichend diskutiert werden (→ Anm. 3).

Anmerkungen

1. Diese Lesetechnik kann die Konzentration auf den Text fördern.

2. Nach der Verteilung der Rollen sollten sich das Ehepaar Zeiger und die Reporter/-innen getrennt auf das geplante Interview vorbereiten.

3. Falls die Zeit nicht ausreicht, bietet sich als Ausweg die Hausaufgabe an, zwei politische Ideen, von denen man persönlich überzeugt ist, als **2-Minuten-Rede** entwerfen zu lassen.

Kreative Alternativen:

- Als Einstieg wären wechselseitige kurze **Partnerinterviews** zum Thema Arbeitslosigkeit denkbar. Vorgegeben werden könnten die Stichworte: eigene Nähe oder Distanz zum Thema – Erfahrungen im eigenen Lebensumfeld – Ängste und Wünsche.
- Wenn auf die Motorinspektion im ersten Schritt verzichtet wird, könnte der zweite Schritt mit einem **Blitzlicht** oder einer **Redekette** schließen. Impuls: Wie ist deine Meinung zu Günter Zeiger und seiner Lebenssituation?
- Sie können auch anstelle der Motorinspektion den ersten Satz der Quelle am Stundenanfang als Zitat-Puzzle präsentieren (IHM LEICHT MANN HAAR PULLOVER ZU ES GAR DEM MIT UND ÜBER REDEN FÄLLT NICHT KLEINEN GRAUEM HELLEN SICH) und die Lernenden auffordern, das Puzzle schweigend in Partnerarbeit zu lösen (Methode **Enträtseln**).
- Im dritten Schritt wäre es möglich, die Angebote um Tagebuch-Notizen zu erweitern, die in der Rolle von Günter Zeiger zu formulieren wären (Methode **Ich-Texte**).
- Dritter Schritt: Alle versuchen in vier bis fünf Gruppen je ein **fiktives Interview** mit Frau Zeiger vorzubereiten und in den Gruppen zu realisieren. Vierter Schritt: Die Gruppen entwerfen den Zeitungsartikel „Mit fünfzig weg vom Fenster" neu, das Leben und die mögliche Sichtweise von Frau Zeiger rücken in den Mittelpunkt (Methode **Perspektivenwechsel**). Fünfter Schritt: Die Gruppenentwürfe werden im Plenum vorgelesen und im Vergleich mit der Originalquelle diskutiert.

Methode fiktives Interview

Bettler auf dem Breitscheidtplatz in Berlin

Armes Berlin

Ein Bettler sitzt in Berlin auf dem nassen Breitscheidtplatz, auf dem sich die Lichter von Neon-Werbeschildern spiegeln und hält seine Hand den Passanten entgegen. In Berlin waren Ende 2002 rund 533.000 Menschen und damit jeder siebte Einwohner der Stadt von Armut betroffen. Die so genannte Armutsquote erreichte mit 15,6 Prozent einen neuen Höchststand. Das geht aus Daten hervor, die am Freitag vom Statistischen Landesamt Berlin veröffentlicht wurden. 1996 lag die Armutsquote bei 14,1 Prozent. Nach Darstellung der Statistiker steigt mit zunehmender Kinderzahl das Risiko, zu den armen Haushalten Berlins zu gehören. Weitere Gründe für einen sozialen Abstieg seien Erwerbslosigkeit sowie ein fehlender Schul- und Berufsabschluss. Aber auch junge Familien seien häufig von Armut betroffen.

ddp

Hannoversche Allgemeine Zeitung vom 17.05.2003

Aufgabe:

- Entwerfen Sie zu dieser Quelle eine auf 90 Minuten angelegte Verlaufsplanung für den Politikunterricht.
- Integrieren Sie mindestens zwei kreative Unterrichtsmethoden.
- Prüfen Sie, ob Sie den Einsatz der gewählten Methoden schulpädagogisch und/oder fachdidaktisch hinreichend begründen können.

5.3 Stundenentwürfe für das Fach ev./kath. Religion

Unterricht ist die Kunst
der Begegnungen.
nach *Martin Buber*

Alle Verlaufsplanungen beziehen sich auf das Thema „Nächstenliebe“ und die Klassen 7 bis 9. Jeder in Haupt- und Realschulklassen erprobte Entwurf kann für sich genutzt werden, alle fünf Stundenentwürfe können auch nacheinander im Sinne einer Unterrichtseinheit in Klassen realisiert werden, die schon über Erfahrungen mit kreativen Methoden verfügen. Die Entwürfe können nur optimal planungsnah umgesetzt werden, wenn die Lehrkraft für einen gleichmäßigen Unterrichtsfluss und damit für einen hohen Anteil echter Lernzeit sorgt, das heißt Leerlauf und unnötige Unterbrechungen vermieden werden. Selbstverständlich ist diese siebenstündige Unterrichtseinheit für Ergänzungen offen.

In methodischer Hinsicht sollten die Planungsbeispiele als exemplarische Belege für die Machbarkeit und den Sinn insbesondere der folgenden Methoden gelesen werden:

➤ **Enträtseln, Partnerinterview** und **Fantasiereise**
→ 1. Verlaufsplanung

➤ **Sprechmühle** und **Votum-Ei**
→ 2. Verlaufsplanung

➤ **rollenbezogenes Streitgespräch, Motorinspektion** und **2-Minuten-Rede**
→ 3. Verlaufsplanung

➤ **Enträtseln, Sprechmühle, Identifikationskreis, 2-Minuten-Rede** und **Redekette**
→ 4. Verlaufsplanung

➤ **Standbild, Ich-Texte, Schreibgespräch, fiktives Interview, Votum-Ei, Schneeballverfahren** und **Perspektivenwechsel**
→ 5. Verlaufsplanung

Das Gleichnis vom barmherzigen Samariter:

Da stand ein Gesetzeslehrer auf, und um Jesus auf die Probe zu stellen, fragte er ihn: Meister, was muss ich tun, um das ewige Leben zu gewinnen? Jesus sagte zu ihm: Was steht im Gesetz? Was liest du dort?

Er antwortete: Du sollst den Herrn, deinen Gott, lieben mit ganzem Herzen und ganzer Seele, mit all deiner Kraft und all deinen Gedanken und: Deinen Nächsten sollst du lieben wie dich selbst.

Jesus sagte zu ihm: Du hast richtig geantwortet. Handle danach, und du wirst leben. Der Gesetzeslehrer wollte seine Frage rechtfertigen und sagte zu Jesus: Und wer ist mein Nächster?

Darauf antwortete ihm Jesus: Ein Mann ging von Jerusalem nach Jericho hinab und wurde von Räubern überfallen. Sie plünderten ihn aus und schlugen ihn nieder; dann gingen sie weg und ließen ihn halbtot liegen.

Zufällig kam ein Priester denselben Weg herab; er sah ihn und ging weiter. Auch ein Levit kam zu der Stelle; er sah ihn und ging weiter. Dann kam ein Mann aus Samarien, der auf der Reise war. Als er ihn sah, hatte er Mitleid, ging zu ihm hin, goss Öl und Wein auf seine Wunden und verband sie. Dann hob er ihn auf sein Reittier, brachte ihn zu einer Herberge und sorgte für ihn. Am anderen Morgen holte er zwei Denare hervor, gab sie dem Wirt und sagte: Sorge für ihn, und wenn du mehr für ihn brauchst, werde ich es dir bezahlen, wenn ich wiederkomme.

Was meinst du: Wer von diesen dreien hat sich als der Nächste dessen erwiesen, der von den Räubern überfallen wurde? Der Gesetzeslehrer antwortete: Der, der barmherzig an ihm gehandelt hat. Da sagte Jesus zu ihm: Dann geh und handle genauso!

Lukas 10, 25–37
(Einheitsübersetzung)

Ausländer leben in Deutschland gefährlich

Bei einem Dorffest im brandenburgischen Dedelow kam es in der Nacht vom vorigen Sonntag zu hässlichen Szenen. Ein 19-Jähriger und ein 17-Jähriger aus der Uckermark prügelten auf einen Gast ein, dessen Gesicht ihnen nicht passte. Das Opfer, ein 29 Jahre alter Italiener, ging alsbald zu Boden. Doch die Aggressoren ließen nicht locker: Mit ihren Stahlkappenschuhen traten sie dem Mann gegen den Kopf – mit schweren Schädelbrüchen wurde er schließlich halbtot ins Krankenhaus eingeliefert.

Das Opfer ist inzwischen außer Lebensgefahr, muss aber mit bleibenden Schäden rechnen. Das Sprachzentrum scheint getroffen zu sein. Die Täter sitzen in Haft. „Wir gehen beim Älteren von einem ausländerfeindlichen Hintergrund aus", ließ der Oberstaatsanwalt von Neuruppin, Carlo Weber, am Dienstag wissen. Schon am Abend der Festnahme stand fest: Es handelt sich um zwei ortsbekannte Rechtsradikale. [...]

Matthias Koch,
Hannoversche Allgemeine Zeitung
vom 26.08.1999

Exemplarische Verlaufsplanung 1

1. Schritt:

Annäherung an den Begriff Nächstenliebe (ca. 5 Min.)	a) L. gibt das Wort NÄCHSTENLIEBE oder den Satz DU SOLLST DEINEN NÄCHSTEN LIEBEN WIE DICH SELBST als Puzzle aus (Methode **Enträtseln**) und fordert alle dazu auf, in Partnerarbeit schweigend das Puzzle zu lösen (→ Anm. 1). b) L. informiert: Nächstenliebe ist das Thema der heutigen Stunde – oder ggf.: Nächstenliebe ist das Thema der heute beginnenden Unterrichtseinheit.

2. Schritt:

Hinführung zum Thema „Nächstenliebe" aus biblischer Sicht (ca. 11 Min.)	a) L. klappt die Tafel auf: – Links steht: „Du sollst deinen Nächsten lieben wie dich selbst." (Matthäus 22, 39) – Rechts steht: „Der Fremde, der sich bei euch aufhält, soll euch wie ein Einheimischer gelten, und du sollst ihn lieben wie dich selbst […]" (Levitikus 19, 34) b) Das Geschriebene wird laut vorgelesen. c) L. hebt hervor: Mit dem Nächsten sind alle Mitmenschen gemeint, auch die Fremden, die aus dem Ausland kommen. d) S. haben Gelegenheit zu kurzen Stellungnahmen.

3. Schritt:

Das Gleichnis vom barmherzigen Samariter – erstes Textverständnis (ca. 20 Min.)	a) L. schreibt die Begriffe Priester – Levit – Samariter an die Tafel und erläutert sie: ein Samariter war ein verachteter Fremder, ein Ausländer; ein Levit war ein Tempeldiener … b) Die Geschichte vom barmherzigen Samariter (s. S. 119) wird ausgegeben und vorgelesen (→ Anm. 2) – als Beispiel für Nächstenliebe gegenüber Fremden. c) Aussprache über den Text: – S. stellen Fragen und suchen Antworten. – L. fragt ggf.: Warum gehen andere an dem Opfer vorbei, ohne zu helfen? – Welches persönliche und finanzielle Risiko geht der Samariter ein, indem er hilft? – Warum wird in der Überschrift von einem Gleichnis gesprochen?

4. Schritt:

Die persönliche Sicht ansprechen (ca. 25 Min.)	a) Wechselseitige **Partnerinterviews** zum Thema „Nächstenliebe“. L. gibt drei Fragen vor: Was bedeutet Nächstenliebe für dich? – In welchen Situationen hast du Nächstenliebe erlebt? Erinnerst du Situationen, in denen du selbst Nächstenliebe gezeigt hast? b) Aussprache im Plenum.

5. Schritt:

Ein Versuch der Einfühlung (ca. 17 Min.)	a) L. kündigt eine **Fantasiereise** an, bittet alle, sich entspannt hinzusetzen und die Augen zu schließen – zugleich ertönt leise Instrumentalmusik im Hintergrund (→ Anm. 3). b) L. spricht langsam und mit kleinen Pausen den Text der Fantasiereise: *Stell dir vor, du bist mit deinem Freundeskreis zu Gast auf einem Dorffest … Ihr sitzt alle an*

einem Tisch ... An der Theke steht ein Ausländer und trinkt ein Bier ... So wie er mit der Bedienung spricht, könnte es ein Italiener sein ... Plötzlich stellen sich zwei kräftige junge Männer, die durch ihre Glatzen und Springerstiefel sofort auffallen, rechts und links neben den Ausländer ... Der eine beschimpft den Fremden und der andere stößt ihm seinen rechten Ellenbogen in den Rücken. Der Angegriffene lässt vor Schreck sein Bierglas fallen und hebt die Hände abwehrend vor sein Gesicht ... Und du? Welche Gedanken und Gefühle gehen dir durch den Kopf? ... Siehst du eine Chance, dem Opfer zu helfen? ... Was würdest du gerne sagen oder machen? ... Verweile in deinen Gedanken, Gefühlen und Fantasien ...

c) Nach einiger Zeit wird das Ende der Fantasiereise angekündigt. Alle werden gebeten, langsam wieder in die Wirklichkeit zurückzukehren, die Augen zu öffnen. Die Musik wird abgeschaltet.

d) Aussprache über das Erlebte. Einige berichten, was sie in der Fantasiereise erlebt haben.
L.-Impulse zur Reflexion:
- Welche Möglichkeiten wurden in der Fantasiereise gefunden, dem Opfer im Sinne christlicher Nächstenliebe zu helfen? (Ggf. Tafelbild)
- Welche anderen Möglichkeiten sind denkbar, dem Opfer zu helfen? (Ggf. Tafelbild ergänzen)
- Welche Gefahren sind zu bedenken, wenn man in solch einer Situation für das Opfer Partei ergreift?

6. Schritt:

Transfer der christlichen Sicht (ca. 12 Min.)	a) Der Zeitungsartikel aus der HAZ (s. S. 120) wird vorgelesen. b) Kurzer Vergleich der Erfahrungen in der Fantasiereise mit dem geschilderten Geschehen in dem Zeitungsartikel. c) L. verweist auf die an der Tafel stehenden Bibel-Zitate. Frage: Wie hätten sich die anderen Gäste auf diesem Dorffest aus der Sicht christlicher Nächstenliebe verhalten sollen - am Anfang des Überfalls, während der Misshandlungen, nach der Tat? Ggf. Fortsetzung der Erörterung in der nächsten Stunde.

Anmerkungen

1. Nicht notwendig, aber hilfreich wäre es, wenn die Klasse zum Stundenbeginn im Rechteck oder in U-Form sitzt.

2. Die Samariter-Erzählung gilt als Urmodell christlicher Diakonie, das Liebesgebot ist das Zentrum der Ethik Jesu. In der Jesusüberlieferung wird das Gebot der Nächstenliebe neben das Gebot der Gottesliebe gestellt. Die Samariter-Erzählung verschärft das Doppelgebot der Liebe um die Liebe zum Fremden.

3. Wenn die Klasse noch nie eine Fantasiereise gemacht hat, wäre es zweckmäßig, den Ablauf und den Sinn dieser Methode vorab mit einigen Sätzen zu vermitteln. Die Fantasiereise soll die Schwierigkeiten, Nächstenliebe in einer Konfliktsituation zu praktizieren, erfahrbar machen. Der ergänzend eingesetzte Zeitungsartikel ist ein Versuch, das Thema „Nächstenliebe“ zu aktualisieren. Ein Abgleiten in eine politische Diskussion über Ausländerfeindlichkeit ist in dieser Stunde nicht gewollt.

Kreative Alternativen:

- Es wäre möglich, dass mit der Ankündigung der Fantasiereise alle aufgefordert werden, Stift und Papier zurechtzulegen. Zugleich sollte mitgeteilt werden, dass alle individuell entscheiden können, wann für sie die Fantasiereise zu Ende ist, sie bereit sind, die Augen zu öffnen und das Erlebte aufzuschreiben oder den weiteren Verlauf der Geschichte schriftlich in der Ich-Form zu fantasieren. Bei dieser Variante sollte die Musik in der Schreibphase weiterlaufen. In der folgenden Aussprache könnte mit den Texten gearbeitet werden; allerdings ist damit zu rechnen, dass in diesem Fall die Zeit nicht mehr reicht, den zweiten und dritten L.-Impuls zu bearbeiten.
- Die beiden letzten Phasen können durch die methodischen Bausteine **Standbild** und **Partnerstreitgespräch** strukturiert werden. Zunächst baut die Lehrkraft ein Standbild zur Misshandlungssituation auf dem Dorffest. Die Lernenden sollen das Thema erraten und fantasieren, wer hier wen überfallen haben könnte. Anschließend wird der Zeitungsartikel vorgelesen. Dann wird versucht, die Klasse mit der Konfliktsituation zu konfrontieren:
  - Welche Chancen hättet ihr als Gäste auf dem Dorffest gehabt, dem Opfer im Sinne christlicher Nächstenliebe zu helfen?
  - Was spricht dagegen, dass ihr dem Opfer wirklich hättet helfen können?

  Nach einem kurzen Austausch im Plenum stellen sich alle zu zweit gegenüber und führen ein Partnerstreitgespräch zu diesem Thema. Alle, die A sind, vertreten die optimistische Position; alle, die B sind, müssen die pessimistische Position vertreten. Nach einiger Zeit werden die Rollen gewechselt.
- Im vierten Schritt können Sie an drei Gruppentischen je eine Frage des Partnerinterviews auslegen, um dann nach der Variante **Gruppenschreibgespräch** zu arbeiten.

Methode Enträtseln

Abraham

Etwas hat diesen Mann gefasst und aus der Mitte, in der er bisher lebte, an den Rand gedrängt. Da steht er nun. Seine Augen sind voller Angst. Alle Geborgenheit ist verloren gegangen. Die eine Hand hält den Stab. Der ist groß. Aber sehr fest packt er nicht zu. Dieser Stock wird keine wirkliche Hilfe sein. Die andere Hand ist geöffnet, nicht um etwas zu empfangen oder zu betteln, sondern eher wehrlos: Was soll ich schon machen?

Er muss weitergehen, aber wie? Ein ganz klein wenig wendet er den Kopf zurück in Richtung Vergangenheit, dorthin, wo er herkam, wo er in der Mitte stand. Aber dorthin gibt es kein Zurück. Hell ist es in der Mitte. Dort, wo er jetzt hingedrängt wird, ist es dunkel. Er geht ins Ungewisse.

Der Mann heißt Abraham. Er lebte lange mit seiner Familie zusammen. Es waren wohlhabende Leute. Bei ihnen hatte er Vaterland, Heimat, Freunde, ein Vaterhaus. Da wusste er, wo er hingehörte. Da stand er in der Mitte, geborgen. Hier ist er allein. Keiner kennt ihn. Keiner steht ihm bei. Er ist fremd.

Was hat ihn so aus seinem bisherigen Leben herausgerissen? Aus der Bibel lernen wir, dass Gott ihn rief: „Gehe aus deinem Vaterhaus in ein Land, das ich dir zeigen werde, und ich will dich segnen, und du sollst ein Segen sein." (Genesis 12,1 und 2) Ein Segen auch für die Menschen, bei denen er in Zukunft wohnen wird.

Daran wird er sich halten, mehr als an den kümmerlichen Stab: dass Gott bei ihm ist. Tag für Tag wird er diesen Glauben bewahren, und das wird schwer genug sein. Wir kennen die Berichte von seinen Fragen und seinen Zweifeln. Er weiß von Gott und seinem Ruf. Und doch ist es schwer, daran festzuhalten, dass keine blinde Macht sein Leben bestimmt, sondern Gott in der Mitte steht und ihn führt und hält. Wie viel schwerer ist es für die, die keinen solchen klaren Ruf erhielten, keine besondere Verheißung zu glauben, dass auch ihr Leben gehalten ist von Gott. Er wird in ein Land kommen, wo Menschen nichts von ihm wissen. Er kommt zu Menschen, die nur ihre eigene überschaubare Welt kennen und ihn als den Fremden empfinden, der nicht zu ihnen gehört. Sie fühlen, dass sie in der Mitte stehen, als Herren des Landes. Wie werden sie mit dem Fremden umgehen? [...]

Was aber, wenn die Menschen feindselig wären? Wenn sie ihm keinen Raum gewähren würden? Wie würde er damit fertig werden? Es ist leicht, ihn noch weiter an den Rand zu drängen, ihm klar zu machen, dass er Randsiedler ist.

Quelle unbekannt

Exemplarische Verlaufsplanung 2

1. Schritt:

Hinführung zu Abraham (ca. 20 Min.)	a) L. informiert (→ Anm. 1): Gefühle des Fremdseins sind immer wieder ein Thema der Bibel. Auch die biblische Erzählung vom Leben Abrahams (Genesis 12 f) gehört in diesen Zusammenhang. Gott hat Abraham, als dieser fünfundsiebzig Jahre alt war, aufgefordert, seine Heimat zu verlassen und in das Land Kanaan auszuwandern, um den Menschen den Segen Gottes zu bringen. Abraham folgt dem Ruf Gottes und zieht mit seiner Frau Sarai in die Fremde. Er trennt sich damit von allem, was ihm in seiner Heimat Halt und Schutz gegeben hat. Er ist auf die Gastfreundschaft in der Fremde angewiesen (→ Anm. 2). b) Die Quelle „Abraham“ (s. S. 126) wird ausgeteilt und in der Form gelesen, dass alle nacheinander immer nur einen Satz vorlesen. c) L.-gelenktes Gespräch: – Wie wird Abraham in der Quelle beschrieben? – L. hält die Antworten an der Tafel fest. Mögliche Aussagen wären z. B.: A. ist ein alter Mann. Er wandert mit einem großen Stab in die Fremde. Er fühlt sich einsam und geht ins Ungewisse. Aber er geht in ein fremdes Land in Vertrauen auf Gott. (Es ist nicht erforderlich, dass der Text an der Tafel von den Lernenden abgeschrieben wird.)

2. Schritt:

Das Thema „Abraham“ aktualisieren (ca. 25 Min.)	a) Bearbeitung in der Form einer **Sprechmühle** (→ Anm. 3): Tische und Stühle werden ggf. noch an die Wände gerückt. Alle S. gehen auf der Freifläche spazieren wie auf einem Marktplatz. Musik untermalt die Szene. Die Lehrkraft stoppt die Musik, alle finden sich zu Zweiergruppen. Mit einem Impuls - z. B.: Wer ist älter? - wird geklärt, wer A bzw. B ist. Die Lehrkraft stellt eine Frage, A versucht diese Frage in ein bis zwei Minuten zu beantworten, B muss schweigend zuhören. Auf ein akustisches Signal hin wechseln die Rollen: B fasst das Gesagte zusammen und ergänzt es ggf., A darf nur zuhören. Mit dem Einsetzen der Musik lösen sich die Zweiergruppen auf, alle schlendern wieder herum - bis zum nächsten Musik-Stopp, der Bildung von neuen Zweiergruppen, der nächsten Frage. Es sind drei Durchgänge geplant: - Welche Hoffnungen und Sorgen prägten Abraham? - Was mag Abrahams Frau Sarai gedacht und gefühlt haben, als der Ruf Gottes, in ein anderes Land auszuwandern, an ihren Mann ging? - Welche Hoffnungen und Ängste können Fremde haben, die in Deutschland einwandern wollen? b) Aussprache über die Fragen der Sprechmühle (→ Anm. 4), ggf. auch über die Erfahrungen mit der Methode (→ Anm. 5). Es bietet sich an, die Aussprache lehrergelenkt im Stuhlkreis zu gestalten und ggf. am Ende eine Hausaufgabe zu geben - z. B.: die dritte Frage der Sprechmühle schriftlich zu beantworten.

Anmerkungen

1. Es wäre hilfreich, wenn die Tische bereits zu Stundenbeginn im Rechteck bzw. U-Form angeordnet wären.

2. Die alttestamentarische Abraham-Geschichte soll in dieser Stunde nicht zum Thema werden. Hier geht es um Abraham als ein Symbol für den Fremden, den Menschen, der auf Nächstenliebe angewiesen ist.

3. Wenn die Methode Sprechmühle in der Klasse völlig unbekannt ist, wäre es psychologisch sinnvoll, am Anfang von Schritt 2 zunächst den Ablauf und den Sinn der Methode mit einigen Sätzen zu erklären.

4. Eine Studentin, die eine 8. Realschulklasse nach diesem Entwurf unterrichtete, schreibt am Ende ihres Berichts: *„An der Auswertung beteiligen sich mehr als die Hälfte der Lernenden sehr aktiv. Die Lehrerin ist erstaunt, wie gut die Mitarbeit ist. Es beteiligen sich viele, die sonst eher zurückhaltend sind.“*

5. Vielleicht stehen am Ende dieser Stunde noch einige Minuten zur Verfügung. Sie könnten genutzt werden, um mit der Methode **Votum-Ei** ein Feedback zur Sprechmühle einzuholen.

Kreative Alternativen:

- Die Auswertung der Sprechmühle könnte auch in der Form von **Ich-Texten** erfolgen:
  - Stell dir vor, du bist Abraham. Welche Hoffnungen und Ängste prägen dich am Anfang deiner Wanderung in die Fremde? Formuliere Tagebuch-Notizen.
  - Stell dir vor, du bist Sarai, Abrahams Frau. Welche Gedanken und Gefühle bewegen dich, als der Ruf Gottes an deinen Mann geht? Formuliere Tagebuch-Notizen.
  - Stell dir vor, du bist ein Flüchtling, der im Jahre 2008 nach Deutschland kommt. Welche Hoffnungen und Ängste begleiten dich auf deiner Flucht? Formuliere Tagebuch-Notizen.
- Eine Alternative zur Sprechmühle – oder ein Angebot für die folgende Stunde – wäre ein **Gruppenstreitgespräch** zu den Positionen: In Vertrauen auf Gott ist es leichter zu leben ↔ Wer im Leben zurechtkommen will, muss sich auf seine eigenen Kräfte verlassen. Alle, die von der ersten Position überzeugt sind, bilden stehend eine Gruppe.

Diejenigen, die sich mit der zweiten Position identifizieren, stellen sich ebenfalls als Gruppe zusammen. Alle, die sich nicht entscheiden können, bilden die dritte Gruppe. Die Mitglieder der dritten Gruppe richten zunächst Fragen an die anderen, um sich individuell entscheiden zu können. Nach einer gewissen Zeit des Fragens und Anwortens werden die Mitglieder der dritten Gruppe aufgefordert, sich einer der beiden Gruppen zuzuordnen. Nach einer kurzen gruppeninternen Vorbereitung sollen die beiden Gruppen, die sich weiterhin im Raum gegenüberstehen, ein Gruppenstreitgespräch führen. Die Lehrkraft sollte nicht mitdiskutieren, kann aber in bestimmten Situationen eingreifen, um die schwächere Gruppe mit einem Argument oder einer kritischen Frage an die Gegenpartei zu unterstützen.

- Ein anderes Angebot für die folgende Stunde könnte darin bestehen, in Dreiergruppen je eine **2-Minuten-Rede** zu entwerfen, wahlweise zu der Position „In Vertrauen auf Gott ist es leichter zu leben“ oder zu der Position „Wer im Leben zurechtkommen will, muss sich auf seine eigenen Kräfte verlassen“. Nach einer Vorbereitungszeit von 20 bis 25 Minuten sollten mehrere Reden stehend mit Hilfe einer Karteikarte vorgetragen und insbesondere unter dem Gesichtspunkt der Glaubwürdigkeit bzw. der Überzeugungskraft der Argumente reflektiert werden. Ein/-e Schüler/-in sollte die Redezeit stoppen.

Methode Gruppenstreitgespräch

Exemplarische Verlaufsplanung 3

1. Schritt:

Einstieg (5–10 Min.)	a) L. schreibt den Bibelvers *Du sollst den Fremden, der sich bei euch aufhält, lieben wie dich selbst* (vgl. Levitikus 19, 34) an die Tafel. b) In die Mitte der freien Fläche wird ein Stuhl gestellt oder eine Bibel gelegt – als Symbol für den an der Tafel stehenden Satz (Methode **Motorinspektion** → Anm. 1). c) Alle werden aufgefordert, stehend und schweigend eine Position einzunehmen: Je größer die persönliche Übereinstimmung mit diesem Bibelzitat ist, desto näher zum Symbol sollte die eigene Position gewählt werden. d) L. fordert mehrere S. auf, ihre gewählte Position mit einigen Sätzen zu erklären und zu begründen.

2. Schritt:

Rollenbezogenes Streitgespräch (35–40 Min.)	a) L. kündigt ein **rollenbezogenes Streitgespräch** an. Thema: Welche Bedeutung hat das christliche Wort *Du sollst den Fremden, der sich bei euch aufhält, lieben wie dich selbst* in unserer Gesellschaft? b) Es werden nach dem Zufallsprinzip vier Gruppen gebildet: Alle ziehen eine Rollenkarte. Jede Gruppe bereitet ihre Rolle mit Stichworten vor und entscheidet, wer die Rolle spielen soll. Eine gleichmäßige Verteilung der Rollen zwischen Mädchen und Jungen wäre wünschenswert.

Text der Rollenkarten:

Herr Schmidt: *Ich bin Christ, für mich gilt die christliche Forderung der Nächstenliebe gegenüber Fremden.*
Herr Schmidt ist in der kirchlichen Sozialarbeit tätig und betreut Aussiedlerinnen und Aussiedler.

Herr Dittmar: *Ich bin 19 Jahre alt und arbeitslos. Ich habe genug Probleme, ich kann mich nicht auch noch um andere kümmern.*
Herr Dittmar wurde als Mechatroniker ausgebildet. Er ist vor 2 Jahren aus der Kirche ausgetreten.

Frau Wolter: *Für mich gilt: Wenn Menschen in Not sind, müssen Menschen helfen.*
Frau Wolter arbeitet als Krankenschwester in der Altenpflege. Barmherzigkeit und Nächstenliebe sind ihre Leitbilder. Sie hilft, wo immer sie kann.

Frau Proske: *Ich erlerne den Beruf Verkäuferin in einem großen Kaufhaus. Ich sehe, dass überall Konkurrenz herrscht und jeder sich selbst der Nächste ist. Die Fremden müssen ihre Probleme selbst lösen.*
Für Frau Proske gilt der Satz: Nur die Starken setzen sich durch, wer zu schwach ist, geht unter.

c) L. eröffnet und moderiert das Streitgespräch in der Rolle einer Journalistin, die die Bürger und Bürgerinnen der Gemeinde zu einem öffentlichen Nachbarschaftsgespräch eingeladen hat. Das Streitgespräch wird vor der Tafel gespielt, die anderen Lernenden sind zuhörende Gemeindemitglieder und können Zwischenrufe einwerfen. L. kann die Gemeindemitglieder von Zeit zu Zeit zu Äußerungen ermutigen.

d) L. schließt das Streitgespräch. Es folgt die Aufforderung an das Publikum zu entscheiden, mit welcher Position man am meisten übereinstimmt und sich entweder hinter Herrn Schmidt oder Herrn Dittmar oder Frau Wolter oder Frau Proske zu stellen. Soweit noch Zeit verfügbar ist, können einige ihre gewählte Position noch mündlich erläutern (→ Anm. 2). Oder: L. wiederholt die **Motorinspektion** aus der Einstiegsphase.

Anmerkungen

1. Eventuell müssen zuvor Tische und Stühle an die Wand gerückt werden. Es kann hilfreich sein, den Sinn der Motorinspektion mit einigen Sätzen zu verdeutlichen.

2. Mögliche Hausaufgabe: Bereite eine **2-Minuten-Rede** vor, in der du erklärst und begründest, welche Bedeutung der Bibelvers über die Liebe zum Fremden für dich hat.

Methode Motorinspektion

Kreative Alternativen:

- Es kann interessant sein, den ersten und zweiten Schritt zu tauschen.
- Als Alternative zur Motorinspektion wäre ein **Blitzlicht** oder eine **Redekette** denkbar. Der Impuls könnte lauten: Wie nah oder fern ist dir diese biblische Botschaft?
- Im zweiten Schritt könnte ein **Partnerstreitgespräch** oder ein **Gruppenstreitgespräch** gestaltet werden.
  Position A: Wir sind eine christliche Gesellschaft, Nächstenliebe sollte unser Verhalten gegenüber Fremden prägen. Position B: Jeder ist sich selbst der Nächste; was mit anderen ist, interessiert mich nicht.
- Diese Stunde könnte mit der Zeichnung von Trumbetas (→ Anlage, Copy, S. 135) beginnen. Ein **Standbild** zur gezeigten Situation könnte sich anschließen, um eine erste Annäherung zu ermöglichen. Dann wäre eine **Fantasiereise** sinnvoll, in der die Lernenden als Mitglieder dieser Familie die Reise nach Deutschland nacherleben und am Ende fantasieren sollen, mit welchen Gefühlen und Gedanken sie auf dem Bahnhof einer deutschen Großstadt ankommen. Danach könnte das christliche Wort „Du sollst den Fremden, der sich bei euch aufhält, lieben wie dich selbst" im Sinne eines provozierenden Impulses eingesetzt werden, ein kurzes **Partnerstreitgespräch** oder ein **Blitzlicht** könnte in diesem Fall den Abschluss bilden.
- Denkbar wäre auch, am Stundenanfang den Bibelvers und die Zeichnung von Trumbetas nebeneinander zu präsentieren, ansonsten die Planung unverändert zu lassen oder mit der Methode **Sprechmühle** zu arbeiten. Mögliche Aufgaben:
  1. Beschreibt mögliche Gefühle und Gedanken der Familie in der Situation der Ankunft.
  2. Angenommen, es halten sich fast alle Menschen an die biblische Botschaft über die Nächstenliebe – wie würde das Leben dieser Familie weitergehen?
  3. Wie sieht das Zusammenleben zwischen Ausländern und Deutschen im Alltag aus? Tragt euer Wissen zu dieser Frage zusammen.

Aufgabe:

Entwerfen Sie eine andere Verlaufsplanung zu dem Thema: Du sollst den Fremden, der sich bei euch aufhält, lieben wie dich selbst.
Prüfen Sie die Eignung der kreativen Alternativen für Ihren Entwurf.

Ankunft einer türkischen Familie

DRAGUTIN TRUMBETAS

Erich Esch – Der „Jesus von St. Pauli"

Ob Erich Esch wirklich Erich Esch heißt, wird er selbst wohl nie erfahren. „Ich bin ein Findelkind", sagt er beiläufig. Nur sein Vorname steht fest. „Die haben da irgendeinen Zettel gefunden", sagt er. Sein Alter ist geschätzt worden, vom Jugendamt in Moers. Danach wäre er heute 59 Jahre alt.

Esch erzählt sein Leben: Ende 1944 gefunden und in ein Heim gesteckt, mit 9 Jahren angefangen, Farbe und Benzin zu schnüffeln, mit 11 von einem Erzieher vergewaltigt. Mit 14 begann Esch eine Land- und Forstwirtschaftslehre, mit 17 nahm ihn eine Pflegefamilie auf. Später reiste er jahrelang durch die Welt, verbrachte die 70er Jahre in England, Frankreich, Italien und Jugoslawien, ohne festen Wohnsitz. Nach einem Zwischenstopp bei der Heilsarmee fand er eine Anstellung in einem Obdachlosenheim in Göttingen. Anfang der 80er Jahre wurde er nach einer Schlägerei wegen schwerer Körperverletzung mit Todesfolge zu 6 Jahren Gefängnis verurteilt. Insgesamt verbrachte Esch 11 Jahre seines Lebens hinter Gittern.

Erich Esch weiß, was es bedeutet, mit dem Leben abgeschlossen zu haben, körperlich wie geistig. Er war 30 Jahre lang drogenabhängig, 15 Jahre lebte er auf der Straße.

„Am 16. August 1994 erhielt ich einen Weckruf von Gott", sagt er und grinst. Esch bekam einen Job bei der Arbeitslosen-Selbsthilfe in Gütersloh und auch eine Wohnung. „Das war irre", sagt er – „nach 15 Jahren in der Gosse".

Später ging Esch nach Hamburg und kümmert sich seitdem um Leute auf den Straßen des Viertels zwischen St. Pauli und Eimsbüttel. „Ich liebe sie einfach", sagt er. „Dank meiner Erfahrung bin ich wahrscheinlich besser für den Job geeignet als ein Pädagoge."

Wenn Erich Esch erzählt, glaubt man, einen alten Freund zu hören. Der Streetworker vom Jesus-Center, einer sozialen Einrichtung im Hamburger Schanzenviertel, hat es sich zur Lebensaufgabe gemacht, Obdachlosen, Heroin- und Cracksüchtigen in dem Quartier zu helfen. **Rund um die Uhr.**

Mehrmals am Tag, „manchmal aber auch nachts um 4 oder 5", geht Erich durch das Schanzenviertel, „um zu sehen, ob meine Jungs noch am Leben sind", wie er sagt. Die Schlafplätze der Obdachlosen sind auf den ersten Blick nicht zu sehen. Sie sind dort, wo der Wohlstandsmensch nicht hinkommt, nicht mal hinsieht. Hinter vollen, stinkenden Mülltonnen. In engen, dreckigen Spalten zwischen zwei Häusern. In Müllhalden ähnlichen Matschlöchern. In dunklen Vorgärten. Nur dort fühlen sie sich sicher.

Eine schmutzige Iso-Matte und ein grauer Schlafsack liegen vor einem geschlossenen Geschäft auf dem Schulterblatt, der großen Einkaufs- und Kneipen-Straße des Viertels. Niemand ist zu sehen, aber Esch weiß, wer hier schläft. Bert, ein 23-jähriges Waisenkind, lebt seit 4 Jahren „auf Platte". Wenn Bert nicht gerade pfeifend durch die Straße rennt, steht er oft am Ausgang des Sternschanze-Bahnhofs und fragt jeden, der den S-Bahnhof verlassen will, nach seiner Tageskarte oder einer kleinen Spende. Oft stundenlang und meist auf Droge.

„Hier konnte ich vor zwei Jahren im Winter einem jungen Mann mit einer Lungenentzündung das Leben retten", sagt Esch und deutet auf ein Stück erdiger Wiese im Durchgang eines Hinterhofs. Ganz gleich worüber Erich Esch spricht, ob Tod, Gewalt, Liebe oder Freude, seine Stimme klingt stets gleich sanft und ruhig.

Vor ein paar Tagen sah er zwei Obdachlose, die aus Papier-Containern stiegen – sie hatten die Nacht in den Tonnen verbracht. „Es ist schon verrückt", meint Esch, „dass sich hier im Viertel die Ärmsten unmittelbar neben den Reichsten aufhalten." Er deutet auf den roten Backstein-Bau des Gewerbehofs, in dem Filmproduktionsfirmen ihren Sitz haben.

Der Erfolg scheint ihm, dessen Arbeit zu 70% aus Spenden und zu 30% vom Arbeitsamt als „Eingliederungszuschuss für ältere Arbeitnehmer" finanziert wird, Recht zu geben. In vier Jahren hat Esch drei Therapieerfolge zu verzeichnen und 30 ehemaligen Suchtkranken eine Wohnung vermittelt, 18 davon dauerhaft. In der gleichen Zeit sah er 12 Menschen sterben, „manche an einer Überdosis, andere am Alkohol".

In Hamburg ist Esch ein gefragter Mann. Mehrmals im Jahr spricht er in Schulen und freien Kirchengemeinden über sein Leben, seine Arbeit und wie er „zu Gott fand". Der „Jesus von St. Pauli", wie ihn seine Kumpel von der Straße tauften, ist damit zufrieden, mehr will er nicht. „Ich gehe eben auf die Menschen zu und sage: Alter, wie geht's dir? Und alle können mich umarmen, wenn sie es brauchen." Und dabei gibt er „nur die Liebe Gottes weiter".

Nach: Frankfurter Rundschau vom 28.5.2004

Exemplarische Verlaufsplanung 4

1. Schritt:

Einen Zeitungsartikel enträtseln und erfassen (45 Min.)	a) L. gibt Zeitungsartikel aus – bis „Rund um die Uhr“ (s. S. 136). b) Der Text wird vorgelesen. L. oder S. fasst die Botschaft der letzten drei Absätze zusammen und erklärt, was ein Streetworker ist. L. fordert S. auf mündlich zu fantasieren, wie der Job von Erich Esch „rund um die Uhr“ ablaufen kann (Methode **Enträtseln**). c) Die zweite Hälfte des Artikels wird ausgegeben und vorgelesen. Es ist Zeit für Fragen. L. setzt die Methode **Identifikationskreis** ein: Alle wählen sich quellenbezogen eine Rolle, gestalten diese schweigend in ihrer Fantasie, anschließend präsentieren sich einige nacheinander in ihrer Rolle auf einem freien Stuhl und beantworten Nachfragen.

2. Schritt:

Rationale Textdeutung und persönliche Stellungnahme (45 Min.)	a) L. erläutert kurz den Ablauf der Methode **Sprechmühle**. Auf die Unterscheidung in A und B wird verzichtet, die Zweiergruppen sollen drei Fragen diskutieren: - Warum ist Erich Esch in seinem Job erfolgreich? - Welche Rolle spielt der Glaube an Gott in seinem Leben? - Warum wird Erich Esch der „Jesus von St. Pauli“ genannt? b) Aussprache über die Fragen in drei Gruppen, danach im Stuhlkreis.

	c) **Redekette** zu dem Impuls: Wie ist deine Meinung über Erich Esch? d) Hausaufgabe: die eigene Meinung über Erich Esch in einer **2-Minuten-Rede** ausarbeiten.

Kreative Alternativen:

- Die Fragen der Sprechmühle und weitere können in einem **fiktiven Interview** mit Erich Esch bearbeitet werden. Die Fragen der Sprechmühle können alternativ als Unterfragen zu der Leitfrage „Wie seht ihr das Leben des Streetworkers Erich Esch?" aufgefasst und in wechselseitigen **Partnerinterviews** mit dem jeweiligen Tischnachbarn durchgeführt werden.
  Ferner können Sie diese drei Fragen an drei Gruppentischen nach der Variante **Gruppenschreibgespräch** bearbeiten lassen.
- Als Einstieg wäre eine **Fantasiereise** eine reizvolle Alternative, mit folgendem Text:
  Du bist ein Findelkind. Ende des Zweiten Weltkrieges wirst du gefunden, als du noch ein Baby bist. Du liegst in einem Pappkarton auf einer Bank im Stadtpark … Keiner weiß, wer deine Eltern sind, wann und wo du geboren wurdest. Nur dein Vorname Erich steht auf einem Zettel, der am Pappkarton klebt…
  Du wächst in einem Heim auf, ohne zu wissen, woher du kommst und wer du wirklich bist - zusammen mit vielen anderen Kindern, die auch keine Eltern mehr haben…
  Das Heim ist dein Zuhause, aber du fühlst dich einsam… Mit neun Jahren fängst du an, Benzin und Farbe zu schnüffeln. Es gibt dir einen Kick, und du kannst für kurze Zeit vor der Welt fliehen …
  Mit siebzehn kommst du endlich aus dem Heim heraus und findest eine Familie, die dich aufnimmt. Aber es ist bereits zu spät, du fühlst dich wertlos und brauchst immer neue Drogen, die dir helfen, das Leben zu ertragen …
  Male dir in der Fantasie aus, wie dein Leben weitergeht …
- Der Meinungsaustausch über Erich Esch kann alternativ in dialogischen **Schreibgesprächen** geführt werden, diese Methode benötigt allerdings mehr Zeit als die vorgesehene Redekette.

Ein Tag mit Schwester Lisa

Den Talar gegen einen weißen Kittel vertauschte Pfarrvikar Gunnar Kuderer. Für einen halben Tag schlüpfte er in die Rolle des beobachtenden Helfers und begleitete die Arbeit der Evangelischen Diakoniestation. Was er da erlebt hat, schildert er in einem Bericht.

„Was gibt es zu berichten?" Schwester Karin blickt fragend in die Runde. Ein gutes Dutzend Diakonieschwestern und Pfleger hat sich um den Tisch versammelt. 7 Uhr früh. Diakoniestation in Lahr. Eine fröhliche Runde. Manche berichten über ihre Patienten, was gestern auffällig war. Ratschläge und Tipps machen die Runde. Dann läutet das Telefon. Eine Patientin ist gestorben. Zwei Schwestern machen sich sofort auf den Weg. Ein paar Worte noch, dann heißt es auch für die anderen: „Auf geht's!"

Ich werde Schwester Lisa zugeteilt. Im Auto, auf dem Weg von Patient zu Patient erzählt sie von sich und ihrer Arbeit. Sie hat als Diakonisse angefangen, dann nach zehn Jahren Dienst geheiratet und zwanzig Jahre Familienpause eingelegt. Nun ist sie schon wieder seit zehn Jahren dabei. „Wir machen heute eine ‚schlanke' Tour", sagt sie, „damit Sie nicht zu sehr geschockt werden." Sie hat nur noch einen halben Dienstauftrag, so werden es an diesem Vormittag nicht zu viele Patienten.

Der erste ist nach einem Schlaganfall leicht gelähmt und kann nur noch lallen. Er erwartet uns ungeduldig. Er muss gewaschen werden, gekämmt und angezogen, während seine Frau, auch schon weit über achtzig, das Frühstück richtet. Herr Steiger* hilft eifrig mit. Er knipst das Licht an und zieht im Bad gleich das Rollo herauf. [...] Schwester Lisa wäscht ihn und salbt seine Haut ein. Herr Steiger stammelt unaufhörlich, manchmal nimmt er die Arme zu Hilfe, aber wir können kein Wort verstehen. Schwester Lisa geht mit Engelsgeduld auf ihn ein, plaudert und erzählt. Sie verpflegt ihre Patienten nicht, sondern sie pflegt sie und spricht mit ihnen. Schließlich ist Herr Steiger angekleidet und kann in die Küche zum ersehnten Frühstück. [...]

„Frau Schupp* ist sehr negativ eingestellt", informiert Schwester Lisa vor dem nächsten Besuch. Aber heute ist sie gut aufgelegt. Sie lächelt sogar. Sie konnte heute allein aufstehen und ist froh darüber. Der Rollstuhl in ihrem kleinen und engen Haus bleibt leer. Schwester Lisa wechselt den Verband am Bein und wäscht sie. Dann geht es auch schon weiter.

Eine alte Frau sitzt auf dem Stuhl neben ihrem Bett im Nachthemd. Sie gähnt. „Heute werden wir duschen", sagt Schwester Lisa freundlich. „O je!" stöhnt Frau Wendland*. Aber sie geht mit ins Bad, wo Schwester Lisa sie duscht, ihre Haare föhnt und sie anzieht. [...]

Herr Schneider* ist heute der letzte Patient. Er leidet an Alzheimer. Frau Schneider schließt uns auf, denn die Tür ist immer abgeschlossen, damit Herr Schneider nicht weglaufen kann. Frau Schneider ist verzweifelt. „Vier Stunden hat er gestern getobt. Was soll ich bloß machen?" Tränen stehen in ihren Augen. Hier ist Schwester Lisa auch als Seelsorgerin gefragt. Sie hört sich die Nöte an, sie gibt Ratschläge. Dann gehen wir ins Schlafzimmer. Herr Schneider schläft noch. Schwester Lisa öffnet die Vorhänge. Dann weckt sie Herrn Schneider. Langsam kommt er zu sich. Schwester Lisa plaudert, sie versucht, ihn zum Aufstehen zu bewegen. „Lassen Sie mich", sagt er immer wieder. Dann folgt er schließlich doch in das Bad. Er wird gewaschen. Schwester Lisa hilft ihm beim Rasieren, dann in die Kleider. Nach einiger Zeit sitzt er dann am Küchentisch beim Frühstück, doch keiner sieht ihm an, dass er nicht mehr allein aufstehen kann. Frau Schneider ist dankbar. Die Diakonieschwestern sind eine große Hilfe für sie, denn selbst schon über siebzig kann sie ihren Mann nicht mehr allein versorgen.

Der Vormittag ist zu Ende und wir kehren zur Diakoniestation zurück. Als Schwester Lisa noch Diakonisse war, hatte sie noch mehr Zeit und hat mit ihren Patienten gebetet. Heute redet sie freundlich mit ihnen. Die Zeit hat sich verändert.

** Alle Namen wurden geändert*

Gemeindeblatt der
Petrusgemeinde in Lahr,
Frühjahr 1996

Exemplarische Verlaufsplanung 5

1. Schritt:

Informierender Einstieg (6–8 Min.)	a) L. benennt das Thema der heutigen Stunde: kirchliche Sozialarbeit – praktizierte Nächstenliebe. b) Der Text „Ein Tag mit Schwester Lisa“ (s. S. 140–141) wird ausgegeben und vorgelesen (→ Anm. 1).

2. Schritt:

Sich einfühlen und verstehen (15–20 Min.)	a) Es werden vier Gruppen gebildet. b) L. formuliert den Arbeitsauftrag für jede Gruppe: – Gruppe 1 soll ein **fiktives Interview** mit Schwester Lisa vorbereiten. Die Rolle des Reporters/der Reporterin soll doppelt besetzt werden. – Gruppe 2 soll einen Tagebuch-Text (**Ich-Text**) verfassen, den Herr Steiger am Abend dieses Pflegetages geschrieben haben könnte. – Gruppe 3 soll ein **Standbild** zu der Pflegesituation von Herrn Steiger entwerfen. – Gruppe 4: In Partnerarbeit sollen alle im **Schreibgespräch** einen Meinungsaustausch über die Arbeit von Schwester Lisa führen. c) Die Gruppen bearbeiten ihren Auftrag. L. steht zur Beratung der Gruppen zur Verfügung, insbesondere könnte sie der Gruppe 1 helfen, sinnvolle Interviewfragen zu finden.

3. Schritt:

Phase der Präsentation (20–25 Min.)	a) Das fiktive Interview wird vor der Klasse gespielt. Die Frage, wie realistisch gespielt wurde, sollte diskutiert werden. b) Der Ich-Text bzw. die Schreibgespräche der Gruppen 2 und 4 werden z. T. vorgelesen. Die Frage, inwieweit es gelungen ist sich einzufühlen, sollte besprochen werden (→ Anm. 2). c) Das Standbild wird aufgebaut und von den Zuschauenden gedeutet. Danach löst sich das Bild auf und die Gruppe erklärt ihre Darstellungsabsichten.

Anmerkungen

1. Es kann Zeit gespart werden, wenn in der vorangegangenen Stunde die Hausaufgabe gestellt wird, den Text zu lesen.

2. Falls die Zeit nicht reicht, können einige Schreibgespräche auch in der nächsten Stunde präsentiert und diskutiert werden. Nach Abschluss der Unterrichtseinheit könnte die Klasse zu einem Feedback aufgefordert werden (Methode **Votum-Ei**):
   - L. zeichnet ein Spiegelei an die Tafel.
   - L. sitzt mit dem Rücken zur Tafel.
   - S. geben mit einem Kreuz zu erkennen, wie zufrieden oder unzufrieden sie mit der Unterrichtseinheit insgesamt sind.
     Kreuz in das Gelbe vom Ei bedeutet: sehr zufrieden.
     Kreuz auf die Grenze zwischen Gelb und Weiß heißt: zufrieden.
     Kreuz im weißen Bereich heißt: weniger zufrieden.
     Kreuz außerhalb der Eifläche bedeutet: gar nicht zufrieden.

   Angebot einer Aussprache. Wer mag, kann sein Kreuz in Worte „übersetzen".

3. In der folgenden Stunde könnte das Thema Pflege mit der Methode **Perspektivenwechsel** vertieft werden. Alle werden aufgefordert, die Perspektive von Frau Schneider oder von ihrem (gedachten) Sohn einzunehmen und aus dieser Sicht die Quelle „Ein Tag mit Schwester Lisa" unter der Überschrift „Ein Tag mit Herrn Schneider" neu zu entwerfen.

4. Zum Abschluss dieser Unterrichtseinheit könnte die Methode **Schneeballverfahren** eingesetzt werden, um die Einstellungen zum Thema „Nächstenliebe“ zum Gegenstand einer abschließenden Erörterung zu machen.

Kreative Alternativen:

- Es wäre im zweiten und dritten Schritt möglich, die Klasse in vier bis fünf Gruppen aufzuteilen, und in jeder Gruppe ein **fiktives Interview** mit Schwester Lisa vorzubereiten, durchzuführen und zu reflektieren. In diesem Fall könnte die Stunde mit einem **Blitzlicht** oder einer **Redekette** schließen. Der Impuls könnte lauten: Nehmt persönlich Stellung zu der Arbeit von Schwester Lisa.
- Es wäre denkbar, die Deutung der Quelle und persönliche Stellungnahmen zur Arbeit von Schwester Lisa mit Hilfe einer **Sprechmühle** „abzurufen“ und anschließend die Aufgaben der Sprechmühle gemeinsam im Plenum zu diskutieren. Diese Vorgehensweise könnte am Ende zu der Aufgabe führen, eine individuelle schriftliche Stellungnahme zur Arbeit von Schwester Lisa zu formulieren.
- Die Methode **Identifikationskreis** wäre eine weitere Möglichkeit, das Einfühlungsvermögen in die Pflegearbeit anzubahnen.

Methode fiktives Interview

5.4 Stundenentwürfe für den Sachunterricht (unter Mitarbeit von Anja Böhne und Wiebke Reinhold)

Erzähle es mir, und ich werde vergessen.
Zeige es mir, und ich werde mich erinnern.
Beteilige mich, und ich werde verstehen.
Ein chinesisches Sprichwort

Spätestens ab der 3. Klasse können in den Fächern Deutsch, Mathematik, Kunst, Musik, Religion und Sachunterricht die folgenden Methoden eingesetzt werden: **Sprechmühle, Partnerinterview, Partnerstreitgespräch, Gruppenstreitgespräch, Blitzlicht, Redekette, Motorinspektion, Votum-Ei, Enträtseln, Schreibgespräch**. Für die geisteswissenschaftlichen Fächer und den Sachunterricht eignen sich auch die Methoden **Ich-Texte, Identifikationskreis, Fantasiereise, fiktives Interview**. Das methodische Konzept **Stationenlernen** kann in allen Fächern der Grundschule zur Anwendung kommen.

Soweit methodische Anforderungen mit Bewegung oder spielerischen Elementen verbunden sind (Sprechmühle, Partnerstreitgespräch, Gruppenstreitgespräch, Motorinspektion, Votum-Ei, Enträtseln, fiktives Interview und die Gruppenvariante des Schreibgespräches), finden sie in der Grundschule besonderen Anklang, weil in dieser Altersstufe die Bedürfnisse nach Bewegung und Spiel noch sehr vorherrschend sind. Zugleich belegen alle Unterrichtsversuche in der Grundschule, dass die Schülerinnen und Schüler auf kreative, weil in der Regel neue Methoden mit ausgeprägter Neugier und Offenheit reagieren. Eine Abwehrhaltung, die ältere Schülerinnen und Schüler teilweise erkennen lassen, existiert in der Grundschule offenkundig nicht. Auch scheint in dieser Alterstufe alles Spaß zu machen, was auf Aktivierung angelegt ist – und dieser Anspruch charakterisiert alle kreativen Methoden! Andererseits ist es in den Grundschulen dringlicher als in den weiterführenden Schulen, dass eine kreative Methode vor ihrem ersten Einsatz geduldig und sehr genau erklärt wird und ihre Praxis kleinschrittig und mit präzisen Anweisungen gestaltet wird. Selbstverständlich ist auch in der Grundschule wesentlich, dass das kognitive Anspruchsniveau der Altersstufe angemessen ist. Vor diesem Hintergrund wird von dem Einsatz der Methoden Schneeballverfahren, Perspektivenwechsel, 2-Minuten-Rede und rollenbezogenes Streitgespräch in der Grundschule im Grundsatz abgeraten. Auch das Standbild möchte ich nicht empfehlen, ich teile die in der Literatur gängige Auffassung, dass Schülerinnen und Schülern in dieser

Altersstufe häufig die erforderliche Selbstdisziplin fehlt und die Praxis der Methode Standbild daher leicht in Klamauk abgleiten kann.

Ich präsentiere hier vier Stundenentwürfe für den Sachunterricht in 3. und 4. Klassen, die Wiebke Reinhold und Anja Böhne im Rahmen ihrer Examensarbeiten zu den Themen „Erste Hilfe" und „Eine Welt" methodisch kreativ entworfen, überzeugend durchgeführt und präzise reflektiert haben. Sie wurden für diese Ausarbeitung nochmals gemeinsam überarbeitet und sollen exemplarisch belegen, dass KUM in der Grundschule didaktisch sinnvoll und erfolgreich einsetzbar sind. Diese und weitere Examensarbeiten belegen den methodischen Optimismus, den mir auch interessierte Lehrkräfte aus Grundschulen in Methoden-Workshops authentisch entgegenbringen. Alle Erfahrungen führen mich zu der Erkenntnis, dass methodische Innovationen in der Grundschule von vornherein viele Bündnispartner finden.

Die folgenden Verlaufsplanungen setzen methodisch bestimmte Akzente:

- **Fantasiereise, Blitzlicht**
  → 1. Stunde
- **Enträtseln, Sprechmühle, Redekette, Motorinspektion**
  → 2. Stunde
- **Stationenlernen, Enträtseln, Redekette, Votum-Ei**
  → 3. Stunde
- **Sprechmühle, Blitzlicht, Redekette**
  → 4. Stunde

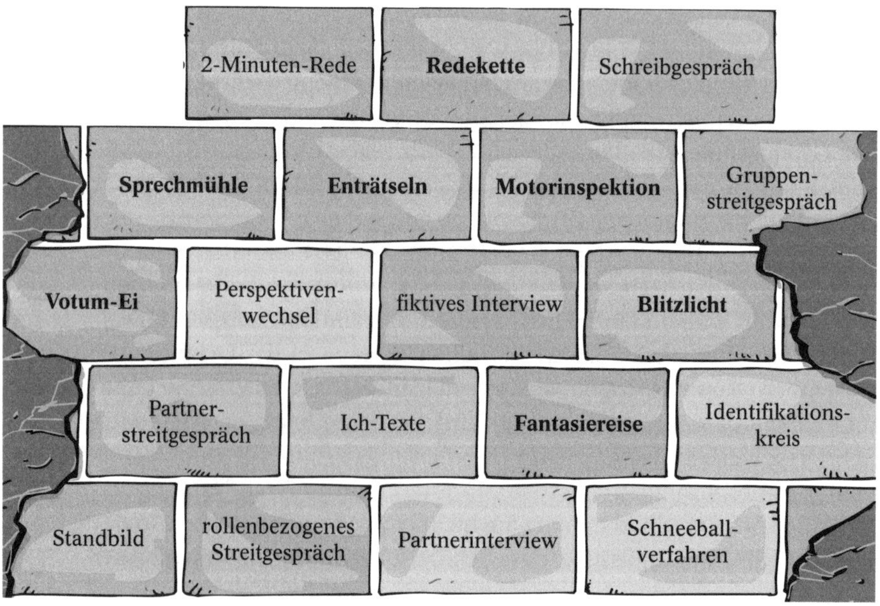

Exemplarische Verlaufsplanung 1

1. Schritt:

Informierender Einstieg (ca. 4 Min.)	a) L. spricht einige einführende Worte zum Thema „Erste Hilfe“ (→ Anm. 1). b) L. erklärt die Methode **Fantasiereise**.

2. Schritt:

Zum Thema einen persönlichen Zugang finden (ca. 35 Min.)	a) L. bittet die S., die Augen zu schließen, tief ein- und auszuatmen, zur Ruhe zu kommen. Im Hintergrund ertönt leise Instrumentalmusik (→ Anm. 2). b) L. spricht den Text der Fantasiereise langsam und mit kleinen Pausen (→ Anlage, Copy, S. 150). c) Alle verweilen in ihrer Fantasie und entscheiden individuell, wann für sie die Fantasiereise beendet ist. Sie öffnen die Augen und beginnen zu schreiben, während die Musik weiterläuft (→ Anm. 3). d) L. schaltet die Musik ab, einige Texte werden freiwillig vorgelesen und besprochen. e) L. erklärt die Methode **Blitzlicht**. f) Impuls zum Blitzlicht: Warst du selbst schon einmal in einer ähnlichen Notsituation? Berichte davon (→ Anm. 4).

3. Schritt:

Erste grundlegende Sachinformationen erarbeiten (ca. 6 Min.)	a) Ausgehend von einigen im Blitzlicht geschilderten Unfallsituationen rückt die L. die Schlüsselfrage „Welche grundlegenden Hilfsmaßnahmen kann und muss man in jeder Notsituation leisten?“ in den Mittelpunkt eines abschließenden Gesprächs. b) L. notiert richtige Antworten an der Tafel (z. B.: Ich kann einen Verletzten trösten, beruhigen, Hilfe holen).

Anmerkungen

1. Es ist wünschenswert, dass die Tische bereits zu Stundenbeginn in U-Form oder im Rechteck angeordnet sind. Ein Schild mit der Aufschrift „Bitte nicht stören!“ sollte vorab von außen an die Tür gehängt werden.

2. Wiebke R. schreibt im Rückblick: *„Als ich die Musik startete, schloss ein Großteil der Klasse entspannt die Augen. Die wenigen, denen dieses nicht sofort gelang, wirkten etwas unsicher und verschämt. Als ich mit dem Vorlesen der Geschichte begann, hatten alle Lernenden ihre Augen geschlossen. Nur zwei Jungen öffneten während der Fantasiereise mehrmals ihre Augen und ließen diese schließlich ganz geöffnet, was ich akzeptierte. Während der gesamten Fantasiereise herrschte absolute Stille. Nur die Musik und meine Stimme waren zu hören. Beinahe alle wirkten sehr konzentriert, einige regelrecht versunken. Diese Atmosphäre einer produktiven Stille zog sich auch über die Schreibphase der Methode.“*

3. *„Einige beenden die Fantasiereise sehr schnell, öffnen ihre Augen und beginnen zu schreiben. Sie schreiben allerdings immer nur kurz und machen dann eine Pause, in der sie – meiner Einschätzung nach – sich den weiteren Verlauf der Geschichte überlegen und anschließend weiterschreiben. Die Pausen wiederholen sich mehrmals. Es gibt andere Kinder, die wesentlich länger in ihrer Fantasie verweilen und ihre Augen erst sehr viel später öffnen. Diese Kinder schreiben dann nahezu ununterbrochen ihre Geschichte auf. Ich vermute, dass es ihnen besser gelang, sich auf die gelenkte Fantasiereise einzulassen, sich einzufühlen und die Geschichte in ihrer Fantasie auszuma-*

len. Jedoch zeigen die verfassten Texte, dass es auch den zuvor beschriebenen Kindern gelingt, sich einzufühlen und kreative und schlüssige Texte zu verfassen."

4. Aus den Reflexionen von Wiebke R.: „*Genau drei Viertel der S. haben von ihren persönlichen Unfallerlebnissen offen und lebendig berichtet, was von ihren Mitschülern interessiert verfolgt wurde. Von Knochenbrüchen über Platz- und Schnittwunden bis hin zu ausgeschlagenen Zähnen und Ohnmacht war alles vertreten. Während der Durchführung der Methode herrschte gleichzeitig eine sehr konzentrierte wie auch eine lockere Atmosphäre. Ich konnte mich während dieses Durchgangs ganz auf die Beiträge der Schülerinnen und Schüler konzentrieren und machte mir kurze Notizen.*"

Kreative Alternativen:

- Ein Zeitungsartikel, der einen Unfall schildert, wird ausgegeben. Die Lernenden sollen **Ich-Texte** in der Rolle eines Zeugen entwerfen.
- Auch **Partnerinterviews** können einen persönlichen Zugang zum Thema erschließen. Die Leitfrage sollte auf persönliche Unfallerfahrungen und die Möglichkeiten Erster Hilfe ausgerichtet sein.

Methode Fantasiereise

Text der Fantasiereise

Stell dir vor, du sitzt zu Hause an deinem Schreibtisch. Heute fällt dir das Hausaufgabenmachen besonders schwer, denn draußen ist wunderschönes Wetter ...

Nur noch zwei Aufgaben rechnen, dann hast du es endlich geschafft! Du packst noch schnell deine Hefte und Bücher beiseite und dann machst du dich auf den Weg. Du bist um drei Uhr mit deinen Freunden verabredet ... Ihr trefft euch im Park. Hier ist es angenehm kühl, die Bäume spenden Schatten ...

Plötzlich tickt dir ein Freund an die Schulter und sagt: „Du bist!". Ohne lange nachzudenken, tickst du einen anderen Freund an und so nimmt das Spiel seinen Lauf. Ihr jagt euch gegenseitig durch den Park, versteckt euch hinter Bäumen und habt eine Menge Spaß ...

Du hast deinen besten Freund im Visier und läufst so schnell du kannst. Du verfolgst ihn um die Bäume herum, über die Wiese und kurz bevor du ihn fängst, passiert es: Er stolpert und stürzt! Ein lauter Schrei hallt durch den Park ... Du kannst deinem Freund geradeso ausweichen und als du dich umdrehst, siehst du ihn mit schmerzverzerrtem Gesicht auf dem Boden liegen. Er weint und wimmert und hält sich sein Knie, das voller Blut ist. Er kann sich vor Schmerzen nicht bewegen ... Du stehst regungslos neben ihm und fühlst dich wie gelähmt. „Was soll ich nur tun? Wie kann ich ihm bloß helfen?" sind Gedanken, die dir durch den Kopf gehen.

Stell dir jetzt vor, wie es weitergeht ...

Exemplarische Verlaufsplanung 2

1. Schritt:

Hinführung (ca. 10 Min.)	a) L. nennt das Thema der Stunde: „Wie gestalte ich einen Notruf richtig?“ - und begründet die Bedeutung des Themas. b) Der informierende Text (→ Anlage, Copy, S. 154–155) wird ausgegeben und in der Form vorgelesen, dass alle nacheinander immer nur einen Satz lesen. Verständnisfragen werden geklärt. c) L. schreibt die fünf W-Fragen an die Tafel oder hängt ein entsprechendes Plakat auf.

2. Schritt:

Sich spielerisch mit Notrufsituationen auseinandersetzen (ca. 20 Min.)	a) L. wählt zwei Freiwillige aus, die einen Notruf zur Unfallsituation aus der Fantasiereise vorspielen. Kurze Besprechung, dann erfolgt ein zweiter Durchgang. b) L. erklärt den Ablauf der Methode **Sprechmühle** (→ Anm. 1). c) L. macht Musik an und die S. gehen auf der Freifläche spazieren (die Tische werden ggf. noch zuvor an die Wände gerückt). d) L. stoppt die Musik und alle sollen sich in Zweiergruppen zusammenfinden. Mit einem Impuls - z.B.: Wer ist älter? - wird bestimmt, wer A bzw. B ist. Rollenvorgaben: A soll als Zeuge von einer Unfallsituation berichten, B arbeitet in einer Notrufzentrale und soll den Anruf entgegennehmen.

	e) L. schildert kurz eine Unfallsituation. Dann werden die Anrufe parallel in allen Zweiergruppen gespielt. Nach einem akustischen Signal wechseln die Rollen und die gleiche Unfallsituation wird erneut zum Thema eines Telefonats. Mit dem Einsetzen der Musik endet die Dialogsituation und alle schlendern wieder herum. f) Ein zweiter und dritter Durchgang zu neuen Unfallsituationen folgen (→ Anm. 2).

3. Schritt:

Versuch einer Reflexion (ca. 15 Min.)	a) Doppelte **Redekette** im Stuhlkreis: Inwieweit sind euch die Notrufe im Spiel gelungen? Was traut ihr euch im Ernstfall zu? b) Im lehrergelenkten Gespräch werden ausgewählte S.-Beiträge aufgegriffen und vertieft. c) **Motorinspektion** zum Abschluss: Zwei Handys oder Spieltelefone werden mit Abstand in den Innenraum gelegt (das eine symbolisiert die Fähigkeit, den Notruf zu beherrschen, das andere die Befürchtung, bei dieser Aufgabe noch unsicher zu sein). Die S. werden aufgefordert, im Sinne ihrer eigenen Meinung stehend und schweigend eine Position einzunehmen. Einige sollten die Chance haben, ihre Position mit einigen Sätzen zu erklären.

Anmerkungen

1. In dieser Stunde wird die Sprechmühle mit vorgegebenen Rollen und in Dialogform praktiziert. Diese Abwandlung der klassischen Varianten ist in Anbetracht des Stundenthemas didaktisch sinnvoll.

2. Wiebke R. schreibt im Rückblick: *„Trotz des sehr beengten Raums war die Atmosphäre ausgesprochen positiv. Die meisten bewegten sich im Takt der Musik (passend zum schönen Wetter spielte ich die Single „Summer Dreamin“), einige tanzten sogar. Auf den meisten Gesichtern war ein Lächeln zu sehen und die Stimmung innerhalb*

der Bewegungsphasen war locker und fröhlich. Die Partnerwahl verlief weitestgehend problemlos, nur vereinzelt fanden sich ‚Übriggebliebene' nicht auf Anhieb. Die Phasen, in denen die S. die Notrufe nachstellten, verliefen absolut konzentriert und ohne Zwischenfälle. Soweit die Klassenlehrerin und ich dies beobachten konnten, sprachen wirklich alle zum Thema und waren bei der Sache."

Kreative Alternativen:

- Dialogische **Schreibgespräche** wären in dieser Stunde eine Alternative zur Sprechmühle.
- Der Alltag in einer Notrufzentrale könnte mit **fiktiven Interviews** aufgearbeitet werden.
- Im dritten Schritt könnte eine **Sprechmühle** zur Lernkontrolle eingesetzt werden.

Aufgabe:

Entwerfen Sie eine andere Verlaufsplanung.
Prüfen Sie die vorgeschlagenen kreativen Alternativen.

Oh je – ich glaube, dies ist ein Notfall!

Was soll ich tun?

Wann immer du meinst, dass eine Situation wie ein Notfall aussieht, jemand schwer verletzt ist oder eine Verletzung sogar lebensbedrohlich ist, bitte immer einen Erwachsenen, dir zu helfen. Er schätzt die Lage ein und meldet, wenn nötig, einen Notruf.

Wenn du alleine bist, ruf um Hilfe und melde den Notruf selbst!

WÄHLE: 112

Das funktioniert von jedem Telefon aus! In öffentlichen Telefonzellen kannst du einfach den Hörer abnehmen und ohne Geld oder Telefonkarte die Nummer des Notrufs wählen. Auch mit jedem Handy erreichst du die Rettungsleitstelle, sogar, wenn keine Karte im Handy ist, du den Handy-Pin nicht weißt oder dein Gesprächsguthaben aufgebraucht ist.

Um schnell die richtige Hilfe zu schicken, braucht die Rettungsleitstelle folgende Angaben von dir:

WER spricht?
Nenne als Allererstes deinen Namen, um die Glaubwürdigkeit deines Anrufes zu erhöhen.

WAS ist geschehen?
Gib eine kurze Beschreibung der Unfallsituation.

WO hat sich der Notfall ereignet?
Nenne den Ort und die Straße, falls nötig auch die Hausnummer, das Stockwerk und sag, bei wem der Rettungsdienst klingeln soll.

WIE VIELE Verletzte gibt es?
So können genügend Fahrzeuge und Leute zum Unfallort geschickt werden.

WELCHE Verletzungen siehst du?
Ist der Verletzte zum Beispiel bewusstlos oder blutet er stark?

WARTE auf Rückfragen!

Leg den Hörer erst auf, wenn du von deinem Gesprächspartner in der Notrufzentrale die Anweisung dazu bekommst.

Habe keine Angst davor, den Notruf zu wählen! Die Rettungsleitstelle schickt dir schnell Hilfe und auch, wenn sich die Verletzung als nicht so schlimm herausstellt, wird dir niemand einen Vorwurf machen.

Rufe jedoch niemals nur zum Spaß die Rettungsleitstelle an. Das ist strafbar! Dort kann man immer sehen, von welchem Telefonanschluss angerufen wird, auch wenn die Rufnummernübertragung ausgeschaltet ist.

Didaktische Anregung:

Sie können diese Quelle im ersten Schritt auch zunächst gefälscht präsentieren, indem Sie z. B.:
- die Notrufnummer mit 213 angeben;
- im zweiten folgenden Satz formulieren: „... den Hörer abnehmen und mit Geld oder Telefonkarte ...“;
- die Frage „Was ist geschehen?“ mit „Gib eine ausführliche Beschreibung der Unfallsituation“ beantworten;
- den vorletzten Absatz beenden mit der Formulierung „wird dir immer jemand einen Vorwurf machen.“

Der Arbeitsauftrag könnte lauten: *Dieser Text enthält vier Fehler. Versucht diese vier Fehler in Partnerarbeit zu finden.* Wird die Methode **Enträtseln** in dieser Form eingesetzt, erfordert der erste Schritt mehr Zeit, zumal ich nicht empfehlen möchte, darauf zu verzichten, nach der Enträtselung den Originaltext auszugeben, vorzulesen und zu besprechen. Um einen zeitlichen Ausgleich zu schaffen, möchte ich anregen, im zweiten Schritt sofort mit der Erklärung der Sprechmühle zu beginnen.

Exemplarische Verlaufsplanung 3

1. Schritt:

Hinführung (ca. 6 Min.)	a) L. nennt das Thema „Wundversorgung“ und erklärt das **Stationenlernen** (→ Anm. 1). b) L. verteilt jeweils zwei blaue, zwei rote, zwei grüne und zwei gelbe Einsen, Zweien und Dreien, so dass sich alle über die Ziffern zu je einem Drittel den drei Stationen zuordnen können und über die Farbe ihre/-n Partner/-in finden.

2. Schritt:

Partnerarbeit im Lernzirkel (ca. 30 Min.)	a) Die S. arbeiten selbstständig und parallel an drei Stationen. Station 1: ein Text ist zu **enträtseln** (→ Anlage, Copy, S. 158). Station 2 und 3: verschiedene Verbände sind anzulegen (→ Anlage, Copy, S. 159–160). b) L. lässt nach 9 Minuten einen Gong ertönen, die S. haben 1 Minute Zeit, ihre Station aufzuräumen und im Uhrzeigersinn zur nächsten Station zu gehen (→ Anm. 2). Es empfiehlt sich für die L., die Arbeit an Station 3 zu begleiten (→ Anm. 3).

3. Schritt:

Erfahrungs-austausch (ca. 9 Min.)	a) Die S. kommen in einem Stuhlkreis zusammen. **Redekette**: Wie seid ihr mit den Aufgaben an den drei Stationen zurechtgekommen? b) Gemeinsam wird geklärt, wie der enträtselte Text lauten muss.

Anmerkungen

1. Wiebke R.: *„An dieser Stelle betone ich, dass sich an den Stationen 2 und 3 jeweils ein Müllkarton befindet, in den die S. nach Beendigung ihrer Arbeit ihre gebrauchten Verbandsmaterialien legen sollen, so dass die S. bei jedem Wechsel eine aufgeräumte Station vorfinden und sich die Materialien nicht im ganzen Raum verteilen."*

2. Auf den für einen Lernzirkel typischen Laufzettel kann in diesem Fall verzichtet werden, weil lediglich drei Stationen in Gruppen und in einem vorgegebenen Zeitrhythmus zu durchlaufen sind.

3. Wiebke R. schreibt im Rückblick: *„An den verschiedenen Stationen konnte ich die S. beobachten und, falls es erforderlich war, sie ein wenig unterstützen, ihnen einige Tipps und Anregungen geben oder sie korrigieren. Beispielsweise habe ich ihnen das Material gereicht oder ihnen beim Anziehen der Schutzhandschuhe geholfen, wenn die Zeit knapp wurde. Ich habe ihnen Kniffe gezeigt, wie sich ein Pflasterverband am besten schneiden lässt oder wie man die Verpackung einer Mullbinde auch mit angezogenen Schutzhandschuhen öffnen kann. Eine Korrektur der S. war lediglich dann erforderlich, wenn der Druckverband nicht stramm genug angelegt wurde. Verständnisfragen wurden nur sehr vereinzelt an mich gerichtet. Diese waren meistens darauf zurückzuführen, dass die Schüler so übereifrig mit dem Anlegen eines Verbandes beginnen wollten, dass sie völlig vergaßen, sich zuvor den Stationenzettel anzuschauen. Ein sehr positiver Effekt der Partnerarbeit an den praktischen Stationen war, dass die S., die zuerst verbunden wurden, sehr genau und kritisch die Arbeit ihres Partners überwachten, ihn unterstützten und gegebenenfalls auch korrigierten. Außerdem wussten sie sofort, was zu tun war, als sie an der Reihe waren. Insgesamt war die Atmosphäre während der Durchführung ausgesprochen positiv und der Geräuschpegel angenehm und zu keiner Zeit so laut, dass ich hätte ermahnen müssen. Die S. arbeiteten konzentriert und motiviert."*

4. Am Ende dieser Unterrichtseinheit könnte die Methode **Votum-Ei** eingesetzt werden, um die Zufriedenheit bzw. Unzufriedenheit mit dieser Unterrichtseinheit sichtbar zu machen und zugleich die Lernenden an das Nachdenken über Unterricht heranzuführen. Ein großes Blatt Papier, das ein Spiegelei zeigt, wird in die Mitte gelegt und alle werden aufgefordert, ihre Meinung mit einem Kreuz einzutragen.

Station 1

Deine Aufgabe an dieser Station:
Lies den folgenden Text gründlich durch, versuche gemeinsam mit deinem Partner die fehlenden Worte zu finden und trage sie in den Text ein. Nimm deinen Text mit, wenn ihr die Station verlasst.

Wundversorgung

Die _ _ _ _ umgibt deinen Körper wie eine Schutzhülle. Neben vielen anderen Funktionen schützt sie deinen Körper auch vor Krankheitserregern, die sich überall in deiner Umgebung tummeln. Eine Verletzung der Haut ermöglicht Krankheitserregern das Eindringen in deinen Körper. Gegen die meisten dieser Erreger kann sich dein Körper alleine wehren. Aber es gibt auch Erreger, die gefährlich sind, z. B. Wundstarrkrampf erzeugen. Vor diesen Krankheiten kannst du dich am besten durch eine Tetanus-Impfung schützen. Diese _ _ _ _ _ _ _ sollte alle fünf Jahre wiederholt werden. Vergewissere dich bei jeder Hautverletzung, ob dein Impfschutz noch besteht oder ob er aufgefrischt werden muss. Wann du zum letzten Mal geimpft wurdest, steht in deinem _ _ _ _ _ _ _ _.

Zusätzlich kann dein Körper bei einer Wunde möglichst gut dadurch geschützt werden, indem die verletzte Haut schnell mit _ _ _ _ _ _ _ _ Verbandzeug verbunden wird. Dabei ist es besonders wichtig, dass weder die Wunde noch die Wundauflage angefasst wird, da sich auch auf den Fingern Schmutz und Krankheitserreger befinden können.

Eine Verletzung der Haut wird dann sehr gefährlich, wenn durch die Wunde zu viel Blut entweicht. Um eine Blutung zu mindern oder zu stoppen, muss

1. _ _ _ _ _ auf die Wunde ausgeübt werden (z. B. ein sauberes Tuch mit der Hand auf die Wunde pressen).
2. die Wunde möglichst hoch gehalten werden (z. B. verletzten Arm nach oben halten).

Kann eine Blutung durch diese Maßnahmen einmal nicht gestoppt werden oder hat der Verletzte sehr viel Blut verloren, dann muss er _ _ _ _ _ _ zu einem Arzt gebracht werden oder der _ _ _ _ _ _ verständigt werden.

Station 2

Deine Aufgabe an dieser Station:
Lege deinem Partner einen Fingerkuppenverband und einen Streifenverband an. Wechselt euch hierbei immer ab.

Fingerkuppenverband

- Schminke deinem Partner eine kleine Wunde an eine Fingerkuppe.
- Schneide dir ein ca. 5 cm langes Pflaster ab.
- Schneide anschließend mittig in jeden Klebestreifen des Pflasters ein Dreieck (so wie auf der Abbildung).
- Lege den Fingerkuppenverband bei deinem Partner an.

Partnerwechsel

Streifenverband

- Schminke deinem Partner eine Schürfwunde auf den Unterarm.
- Nimm dir eine Kompresse und schneide mit der Schere zwei Heftpflaster von der Rolle ab. Die Heftpflaster sollten ca. doppelt so lang sein wie die Kompresse.
- Lege die Kompresse auf die Wunde und befestige sie mit den Heftpflastern wie auf der Abbildung.

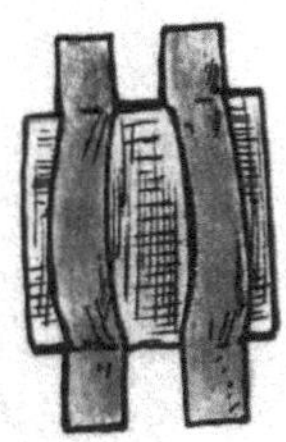

Partnerwechsel

Station 3

Deine Aufgabe an dieser Station:
Lege deinem Partner einen Druckverband an.
Anschließend verarztet dein Partner dich.

Druckverband

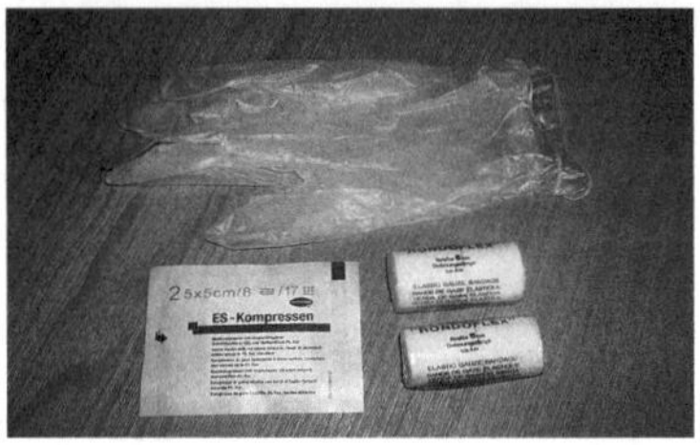

- Schminke deinem Partner mit dem Lippenstift eine Wunde auf den Unterarm.
- Ziehe dir Schutzhandschuhe an.
- Nimm dir eine Kompresse und zwei Mullbinden.
  Öffne **eine** Mullbinde – die andere bleibt geschlossen und dient später als Druckpolster.

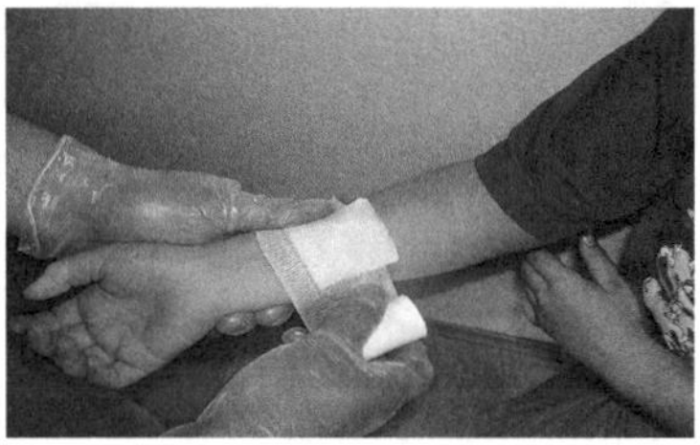

- Lege die Kompresse auf die Wunde und umwickele sie dreimal mit der Mullbinde.
  Umwickele den Arm stramm, aber schnüre ihn nicht ab!

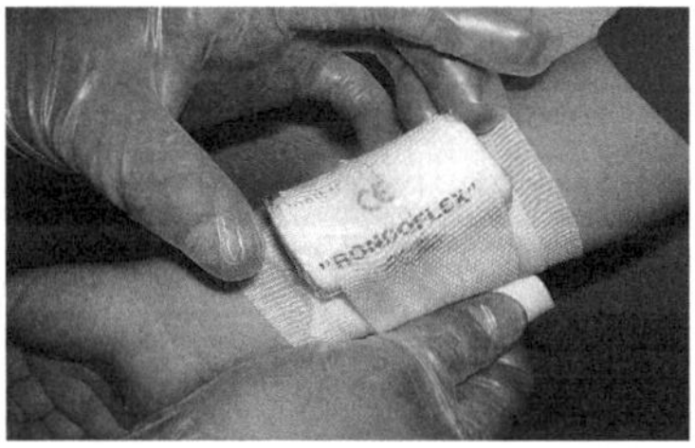

- Lege jetzt die geschlossene Mullbinde als Druckpolster auf die umwickelte Kompresse und wickele die restliche Mullbinde **stramm** darum.

- Stecke das Ende der Mullbinde unter den Verband.

Partnerwechsel

Exemplarische Verlaufsplanung 4

1. Schritt:

Impuls als Einstieg in das Thema „Eine Welt“ (ca. 5 Min.)	a) L. klappt die Tafel auf. An der Tafel hängt eine Weltkarte. b) L. hängt das Bild eines nepalesischen Mädchens an die Tafel (→ Anlage, Copy, S. 163) und markiert mit einem Pfeil ihre Heimat. Es folgen Informationen zu dem Mädchen: Sie heißt Nisha, ist neun Jahre alt und lebt in Nepals Hauptstadt Katmandu.

2. Schritt:

Persönlicher Zugang zum Thema (ca. 15 Min.)	a) L. erklärt die Methode **Sprechmühle**, S. wiederholt die Erklärung. b) Eine freie Fläche wird geschaffen. c) Es sind zwei A-B-Durchgänge geplant: 1. Was machst du in deiner Freizeit? 2. Wie könnte ein Tag in Nishas Leben aussehen? (Wenn A spricht, soll B schweigend zuhören, nach einem akustischen Signal spricht B zur gleichen Frage und A hört schweigend zu.)

3. Schritt:

Vertiefung der Ergebnisse (ca. 15 Min.)	a) Im Sitzkreis werden beide Fragen mit den S. besprochen. b) L. liest einen Text über Nishas Leben vor (→ Anlage, Copy, S. 163).

4. Schritt:

Reflexion der Sprechmühle (ca. 10 Min.)	a) **Blitzlicht** oder **Redekette** zu der Fragestellung: Wie hat dir die Sprechmühle gefallen? (→ Anm. 1) b) L. erteilt ggf. eine Hausaufgabe.

Anmerkungen

Methode Sprechmühle

1. Anja B. schreibt in ihrer Examensarbeit: *„Das Blitzlicht verläuft sehr positiv. Einige Aussagen: ‚Es war schön, dass wir mit verschiedenen Schülern reden konnten.‘ ‚Die Musik und das Herumgehen waren gut.‘ Die Offenheit der Sprechmühle wird nicht ausgenutzt, um sich den Unterrichtsinhalten zu entziehen. Die S. arbeiten konzentriert mit und scheinen nicht überfordert zu sein.“*

2. Diese Stunde wurde in einer 4. Grundschulklasse von Anja B. durchgeführt. Sie sollte hier als Einstiegsstunde in das Thema „Eine Welt“ gelesen werden. Bedenkenswert ist die folgende didaktische Überlegung: *„Die Sprechmühle habe ich bewusst auf zwei Durchgänge reduziert, um die Methode behutsam in die Klasse einzuführen.“*

Kreative Alternativen:

- Eine **Fantasiereise** könnte exemplarisch hinführen zu dem Leben eines Kindes in der Dritten Welt.
- **Ich-Texte** wären eine Möglichkeit, Ausschnitte aus Nishas Lebensalltag empathisch zu erschließen.
- Interessant wäre auch ein Erfahrungsaustausch über die unterschiedlichen Lebenswelten in der Form dialogischer **Schreibgespräche**, bei denen immer ein/-e Partner/-in die Rolle von Nisha übernehmen sollte. Thema: „Wie lebe ich? - Wie lebst du?“

Informationen über Nisha

Nisha ist gerade neun Jahre alt geworden. Eine Schule hat sie nie besucht. Sie kann nicht lesen und nicht schreiben. Schon seit mehreren Jahren arbeitet sie in Nepals Hauptstadt Katmandu als Teppichknüpferin in einer Teppichweberei.

Sie arbeitet in einem engen stickigen Raum mit vielen Menschen zusammen. Die meisten von ihnen sind Kinder. Nishas Arbeitstag dauert 16 Stunden. Manchmal muss sie auch noch nachts arbeiten. Pausen gibt es kaum. Zeit zum Spielen haben die Kinder in der Teppichweberei nicht.

Nisha hat oft Hunger. Essen gibt es aber nur zweimal am Tag und dann meist nur eine Schale Reis oder Linsen, dazu etwas Wasser.

Das wenige Geld, das Nisha verdient, benötigt die Familie zum Überleben.

Quelle: *nach www.unicef.de/botschafter*

Nisha

5.5 Ideenskizze für einen kreativen Kunst- und Musikunterricht (unter Mitarbeit von Judith Hoffmann und Heinz Goebel)

Die Fächer Kunst und Musik thematisieren oder fordern kreative, das heißt schöpferische Produktionen. Kreative Methoden eröffnen weitere Chancen für einen kreativen Unterricht. Da die Fachräume für Kunst und Musik über eine größere Grundfläche verfügen, lassen sich z. B. die Methoden Standbild, Sprechmühle, Gruppenstreitgespräch und Motorinspektion, die eine Freifläche benötigen, in diesen Fächern faktisch leichter realisieren als in jenen Fächern, die an den Klassenraum gebunden sind.

Fantasiereise

Eine Fantasiereise kann die Schüler/-innen in die Zeit oder das Leben eines Musikers „entführen", im Hintergrund läuft seine Musik. Nach dem Erfahrungsaustausch über die Fantasiereise beginnt die Auseinandersetzung mit der gehörten Musik, mit dem Ziel, sich einzufühlen, indem z. B. die rhythmisch-melodischen Strukturen choreografisch in Kleingruppen erarbeitet werden. Im Fach Kunst kann eine Fantasiereise auf ein Thema einstimmen. Nach einem kurzen Austausch über das Erlebte stehen alle vor der Aufgabe, das Thema der Fantasiereise nach Gestaltungsvorgaben in ein Bild umzusetzen.

Fiktives Interview

In einem lehrergelenkten Gespräch wird auf der Basis biografischer oder werkbezogener Quellenausschnitte ein fiktives Interview mit einem zeitgenössischen Musiker oder einem bildenden Künstler vorbereitet. Dazu gehört: quellenbezogen sinnvolle und zugleich hinreichend offene Leitfragen sammeln, die entweder das Leben oder Gesamtwerk oder ein einzelnes Werk thematisieren; die Rollen an Freiwillige vergeben und kurz besprechen; die Spielfläche herrichten und die Spielszene mit einigen Sätzen anmoderieren. Dann wird das Interview mit zwei Reporter/-innen gespielt. Am Ende sollte die Realitätsnähe des Interviews reflektiert werden.

Standbilder

Gruppen entwerfen Standbilder zu einem Thema, anschließend sollen alle zu diesem Thema ein Bild malen oder das Standbild in einer antragenden bildhauerischen Technik reproduzieren oder das Standbild fotografieren und das Foto zu einer Collage verarbeiten. Die Botschaft eines textgeprägten Liedes (z. B. Bettina Wegner: „Kinder“) kann in Gruppen in verschiedene Standbilder übersetzt werden. Die Reflexion von Kunst führt in diesem Fall zur Produktion von Kunst.

Sprechmühle

Die ersten drei Varianten der Sprechmühle sind geeignet, um eine Musikrichtung oder ein Kunstwerk zu interpretieren oder zu diskutieren. Soll in einer Sprechmühle Jazz erörtert werden, kann diese Musik zugleich als Hintergrundmusik eingesetzt werden. Soll im Kunstunterricht über verschiedene Bilder – z. B. zum gleichen Motiv, aber aus verschiedenen Epochen – diskutiert werden, sollten sie im Klassenraum so präsentiert werden, dass sie in der Phase des Herumschlenderns immer wieder wahrgenommen werden können. In diesem Fall sollten die Musikphasen länger laufen als üblich, um Betrachtungs- und Reflexionsphasen sinnvoll miteinander auszubalancieren.

Blitzlicht/Redekette/Partnerinterview

Die ersten Eindrücke über ein künstlerisches Werk können in einer Redekette oder im Blitzlicht oder im Partnerinterview thematisiert werden. Die Methoden Blitzlicht und Redekette können ferner nach einer Exkursion (z. B. einem Museumsbesuch) oder nach einer praktischen Erprobung einer Gestaltungstechnik oder nach dem gemeinsamen Erleben einer musikalischen Aufführung eine Feedbackrunde eröffnen.

2-Minuten-Rede

Ein(e) Schüler/-in übernimmt als Hausaufgabe den Arbeitsauftrag, einen bestimmten Musikstil oder ein einzelnes Werk eines bildenden Künstlers in einer 2-Minuten-Rede zu präsentieren. Oder: Alle bündeln in einer Gruppenarbeitsphase die Ergebnisse ihrer Interpretation eines Kunstwerkes in der Form einer 2-Minuten-Rede. Möglichst viele Kurzreden sollten stehend vor der Klasse gehalten werden.

Ich-Texte

Schüler/-innen schreiben in der Rolle eines Künstlers einen Brief an einen anderen Künstler oder an ein Familienmitglied oder einen Kunstkritiker oder einen Kunstmäzen – ggf. können zuvor authentische Briefe eines Künstlers gelesen werden ... Oder: Die Lernenden verfassen in dem Gefühl, Künstler/-in zu sein, Tagebuchnotizen über die eigenen Werke. Eine Fantasiereise über das Leben eines Künstlers kann mit einem offenen Schluss enden, der in der Form von Ich-Texten individuell auszuarbeiten ist.

Partnerstreitgespräch/Gruppenstreitgespräch

Partnerstreitgespräche können ein Plenumsgespräch eröffnen oder fortsetzen. Alle, die die Position A übernehmen, sollen z. B. ein bestimmtes Kunstwerk verteidigen; alle, die die Position B haben, sollen das Kunstwerk kritisieren. Argumente für beide Positionen müssen vorab im Plenum oder in Partnerarbeit gesammelt werden. Nach einigen Minuten Streitgespräch werden die Rollen getauscht und alle haben die entgegengesetzte Position zu vertreten.

Im Gruppenstreitgespräch bilden diejenigen, denen ein bestimmtes Kunstwerk gefällt, eine Gruppe; diejenigen, denen es nicht gefällt, bilden eine zweite Gruppe. In die dritte Gruppe gehen jene Schüler/-innen, die sich nicht entscheiden können. Danach stellen die Mitglieder der dritten Gruppe Fragen an die anderen Gruppen, um entscheidungsfähig zu werden. Nach einer gewissen Zeit wird die dritte Gruppe aufgefordert, sich individuell jener Gruppe zuzuordnen, der sie am ehesten zustimmen können. Folgen soll ein spontanes Streitgespräch zwischen den Gruppen, die sich am besten gegenüberstehen und abwechselnd das Wort ergreifen sollten.

Schreibgespräch

Verschiedene Bilder eines Malers oder Bilder verschiedener Künstler zum gleichen Thema oder exemplarisch ausgewählte Schülerarbeiten oder Liedtexte und/oder Musikkritiken liegen an Gruppentischen aus. Alle Gruppenmitglieder sollen zunächst an ihrem Gruppentisch schweigend ihre Meinung notieren oder die ausliegenden Werke nach vorgegebenen Kriterien beurteilen. Danach gehen die Lernenden um *alle* Gruppentische herum und kommentieren schweigend und schriftlich die Beiträge der anderen. Dieses schweigende Pendeln zwischen Wahr-

nehmen, Schreiben und Sichbewegen kann sehr intensiv erlebt werden. Zum gruppendynamisch richtigen Zeitpunkt sollten alle aufgefordert werden, an ihren Gruppentisch zurückzukehren, um in ihrer Gruppe eine Diskussion zu eröffnen.
Neben der Gruppenvariante sind auch dialogische Schreibgespräche jederzeit möglich, um das eigene Deutungswissen zu formulieren, zu überprüfen, zu vertiefen oder Stellungnahmen zu einem Kunstwerk bzw. einer Kunstrichtung in Zweiergruppen zu kommunizieren.

Enträtseln

Bilder können zerschnitten als Puzzle präsentiert werden, verschiedene Lieder kann die Lehrkraft als Hörrätsel montieren. In beiden Fächern sollten dann in der Regel alle in Dreiergruppen versuchen, das Puzzle zu lösen. Bilder oder musikalische Werke können auch gewollt lückenhaft präsentiert werden, so dass die kreative Aufgabe entsteht, die Lücke(n) werknah oder subjektiv sinnvoll zu schließen. Entsprechend kann mit der Variante Fälschung gearbeitet werden: Kunst und Künstler können bewusst falsch zugeordnet oder künstlerische Produktionen können vorab werkimmanent gefälscht werden. Z. B. lassen sich Bilder am PC fälschen/verfremden, ebenso kann mit musikalischen Produktionen verfahren werden, so dass die Anforderung entsteht, Fälschungen zu erkennen und zu korrigieren.

Motorinspektion/Votum-Ei

Die subjektive Nähe oder Distanz zu einem Künstler oder einer Kunstrichtung kann durch beide Methoden visualisiert werden, ebenso kann die Zufriedenheit bzw. Unzufriedenheit der Schüler/-innen mit dem Fach oder den eigenen Lernfortschritten thematisiert werden. Die Motorinspektion eignet sich ferner, um das Wissen oder Nichtwissen der Lerngruppe themenbezogen sichtbar zu machen. In diesem Fall werden zwei Stühle zum Symbol für ein künstlerisches Werk oder eine Kunstrichtung oder das Leben eines Künstlers oder einer Musikgruppe. Der eine Stuhl symbolisiert ein umfassendes Wissen über ..., der andere Stuhl symbolisiert ein geringes Wissen über ... Dann werden alle aufgefordert, sich stehend und schweigend zu positionieren. Anschließend kann die Lehrkraft eine Gesprächssituation moderieren, in der das Gruppenbild bestehen bleibt und die Wissensgruppe die anderen spontan mit vielen Statements informiert oder versucht, Fragen zu beantworten. In kritischen Situationen des Unterrichts kann ein Votum-Ei zu der Frage „Wie intensiv seid ihr noch bei der Sache?“ einen sinnvollen Einstieg in die notwendig gewordene Metakommunikation bieten.

Perspektivenwechsel

Lieder von Moll in Dur umkomponieren oder umgekehrt. Den Ausdruck eines Bildes in sein Gegenteil verkehren, z. B. ein lachendes Gesicht als trauriges Gesicht neu malen. Bekannten Liedern mit neuen Texten eine andere Perspektive geben. Zu touristischen Werbeprospekten über die eigene Stadt auf der Basis selbst gemachter Fotos kritische Gegenentwürfe gestalten.

Rollenbezogenes Streitgespräch

Einige Schüler/-innen übernehmen – nach einer angeleiteten Vorbereitungsphase – die Rollen bestimmter Künstler oder Kunstkritiker und führen in diesen Rollen ein Streitgespräch über ein Kunstwerk oder eine Kunstrichtung. Oder: Sie diskutieren in der Rolle von Mitgliedern eines Bürgerforums, von Politikern und des Kulturdezernenten über die Bestandserhaltung aufgestellter Freiplastiken. Ich empfehle der Lehrkraft, das Streitgespräch in der Rolle einer Journalistin bzw. eines Journalisten zu moderieren.

5.6 Ideenskizze für einen kreativen Mathematikunterricht (unter Mitarbeit von Birger Heel)

Sprechmühle

Die Sprechmühle eignet sich insbesondere für kommunikative Übungsphasen. Alle, die A sind, sollen eine mathematische Idee oder an einem selbst gewählten Beispiel ein bestimmtes Rechengesetz (z. B. das Kommutativgesetz) erklären. A spricht, B hört schweigend zu. Danach fasst B die Aussagen von A zusammen und ergänzt oder korrigiert sie gegebenenfalls. Oder: A soll sich eine Aufgabe zu einem vorgegebenen Themengebiet ausdenken (z. B. Addition im Zahlenraum bis 100, Prozentrechnung, Anwendung des Tangens), B muss sie dann A gegenüber mündlich lösen oder einen Lösungsansatz präsentieren – A hört schweigend zu, gibt aber am Ende ein Feedback. Wenn B bereits nach kurzer Zeit signalisiert, die Aufgabe nicht zu beherrschen, sollte A sie selber langsam und verständlich B vorrechnen. Nach einer oder mehreren Aufgaben sollten die Rollen von A und B getauscht werden. Mehrere Durchgänge mit wechselnden Zweierpaaren sind – nach kurzen Phasen mit Musik und Bewegung – wünschenswert. Voraussetzung für diese Anwendungsvarianten ist, dass schon genügend Beispielaufgaben bekannt sind und gelöst wurden.

Redekette, Schreibgespräch, Sprechmühle

Die Lehrkraft formuliert ein mathematisches Problem im alltäglichen Kontext, z. B.: Eine Familie mit einem Kind im Alter von 15 Jahren und eine Familie mit zwei Kindern im Alter von 6 und 16 Jahren machen gemeinsam Urlaub. Wie sollen die Urlaubskosten von 2100 Euro zwischen den Familien aufgeteilt werden? Die Suche nach der gerechten Lösung und dem dafür erforderlichen Rechenweg kann in einer Redekette erfolgen oder in dialogischen Schreibgesprächen oder in jener Variante der Sprechmühle, die die Lernenden in Zweiergruppen zu einem Gespräch herausfordert, ohne dass eine Unterscheidung in A und B erfolgt. Wenn sich das mathematische Problem in mehreren Schritten präsentieren lässt, kann auch die Sprechmühle mit mehreren Durchgängen gestaltet werden.

Fantasiereise

Eine Fantasiereise kann in das Leben eines berühmten Mathematikers einführen. Der Text einer Fantasiereise kann auch als Einstieg in eine neue Thematik eine alltägliche Situation schildern, deren Bewältigung mathematische Kompetenz erfordert – z. B. könnten verschiedene Finanzierungsmodelle mehrerer Banken die Frage aufwerfen, welches Angebot das ökonomisch beste ist, um den geplanten Kauf eines Autos zu realisieren. Soweit sich die Lernenden in der Erlebnissituation der Fantasiereise als überfordert erleben, weil sie das aufgeworfene mathematische Problem nicht bewältigen können, kann diese Erfahrung zu neuer Motivation führen, die eigene mathematische Kompetenz auszubauen.

Enträtseln

Alle drei Varianten – Lückentext, Puzzle, Fälschung – sind möglich. Die Lehrkraft kann z. B. eine Folie auflegen, auf der eine Rechnung, z. B.:

(56 + 1□5) x 5 = 90□, und ein verwischter Text zu sehen sind. Die Rechnung zu vervollständigen und eine sinnvolle Textaufgabe zu formulieren wird damit zur Anforderung. Eine Definition, ein Merksatz oder ein Beweis können als (Satz)-Puzzle präsentiert werden, das in Dreiergruppen unter Beachtung bestimmter Regeln zu lösen ist. In viele Schritte gegliederte Rechenwege können Fehler enthalten, die es zu identifizieren gilt.

Partnerstreitgespräch/Gruppenstreitgespräch/ Schneeballverfahren

Auch im Fach Mathematik findet man Anlässe, bei denen Meinungen fruchtbar aufeinanderprallen können. Z. B. können zu einer offenen mathematischen Aufgabe zwei Lösungswege gefunden werden, die sich deutlich voneinander unterscheiden. In einer solchen Situation kann im Partnerstreitgespräch oder Gruppenstreitgespräch darüber diskutiert werden, ob der Lösungsweg A oder der Lösungsweg B persönlich zu bevorzugen ist. Wenn eine mathematische Problemstellung zu mehr als zwei Antworten führt, eignet sich das Schneeballverfahren, z. B. auf dem Gebiet der Überschlagsrechnung zu der Frage: Wie viel Cola wird voraussichtlich auf dem nächsten Schulfest getrunken?

Partnerinterview/Motorinspektion

Diese Methoden eignen sich zur Ermittlung des Wissensstandes am Anfang einer Unterrichtseinheit oder am Ende zur Lernkontrolle. Die Lehrkraft kann eine Liste von themenbezogenen Fragen und/oder kleineren Aufgaben ausgeben, gegliedert in zwei Hälften. Die zwei anschließend durchzuführenden Partnerinterviews können in der Regel stressarm mit dem Tischnachbarn durchgeführt werden, zu jeweils einer Hälfte der Fragestellungen bzw. Aufgaben und am besten mit einer Zeitvorgabe. Wenn die Lehrkraft die richtigen Antworten auf der Rückseite der Liste notiert hat oder anschließend die Antworten ausgibt, können die Lernenden ihre Antworten zunächst selber überprüfen. Die Motorinspektion kann in der folgenden Form genutzt werden: Auf einer freien Fläche stehen zwei Stühle – der eine symbolisiert ein umfassendes Wissen/Verständnis, der andere ein eher geringes Wissen/Verständnis. Alle sollen zunächst schweigend die individuell richtige Position einnehmen. Wer glaubt, bei dem Thema schon über eine hohe Kompetenz zu verfügen, stellt sich in die Nähe des Wissensstuhls. Wer in seiner Selbsteinschätzung eher von einer noch geringen Kompetenz ausgeht, sollte sich in die Nähe des anderen Stuhls stellen. Anschließend kann die Lehrkraft die letztere Gruppe ermutigen, Fragen an die Wissensgruppe zu stellen oder sie richtet selber fachsystematisch Fragen an die Wissensgruppe.

2-Minuten-Rede

Viele Themen eignen sich für 2-Minuten-Reden: „Erkläre den Satz des Pythagoras." – „Gebe eine Themeneinführung anhand einer Beispielrechnung." – „Die Zinsrechnung ist eine Anwendung der Prozentrechnung ..." Solche Kurzreden können in Kleingruppen im Fachunterricht vorbereitet oder zur Hausaufgabe für alle oder einige werden. Bei zahlreichen Themen bietet es sich an, eine Veranschaulichung – z. B. eine Skizze – einzubeziehen. Wenn am Ende eines Halbjahres verschiedene Themen parallel zum Gegenstand von 2-Minuten-Reden gemacht werden, ist es reizvoll, viele Kurzreden zu hören. In der Feedbackphase sollten die Kriterien Verständlichkeit und sachliche Richtigkeit Vorrang haben.

Blitzlicht/Motorinspektion/Votum-Ei

Immer wenn ein Feedback im Mathematikunterricht erwünscht ist – zum Beispiel zur Zufriedenheit/Unzufriedenheit mit den individuellen Lernfortschritten oder mit dem Lernklima in der Klasse oder den Noten im Halbjahreszeugnis –, kann problemlos mit der Methode Blitzlicht oder Motorinspektion gearbeitet werden. Der zweite Impuls zur Motorinspektion sollte zum Einsatz kommen: Was müsste geschehen, um ein Mehr an Zufriedenheit mit ... zu finden, so dass die gewählte Position entsprechend verändert werden kann? Das Votum-Ei ist ebenso als Feedback-Methode geeignet. In manchen Klassen kann es reizvoll sein, zwei Ei-Bilder an die Tafel zu malen und die Klasse aufzufordern, getrennt nach Geschlechtern Stellung zu nehmen.

6 Stationenlernen auf der Basis kreativer Unterrichtsmethoden

Stationenlernen ist eine interessante Ergänzung bzw. Alternative zum Frontalunterricht. Stationenarbeit kann methodisch vielfältiges, relativ selbstständiges, fachlich intensives Lernen und soziale Haltungen nachhaltig fördern. Vermutlich ist Stationenlernen zurzeit der bekannteste und beliebteste reformpädagogische Ansatz für einen auf Selbsttätigkeit und Selbstständigkeit angelegten Unterricht.

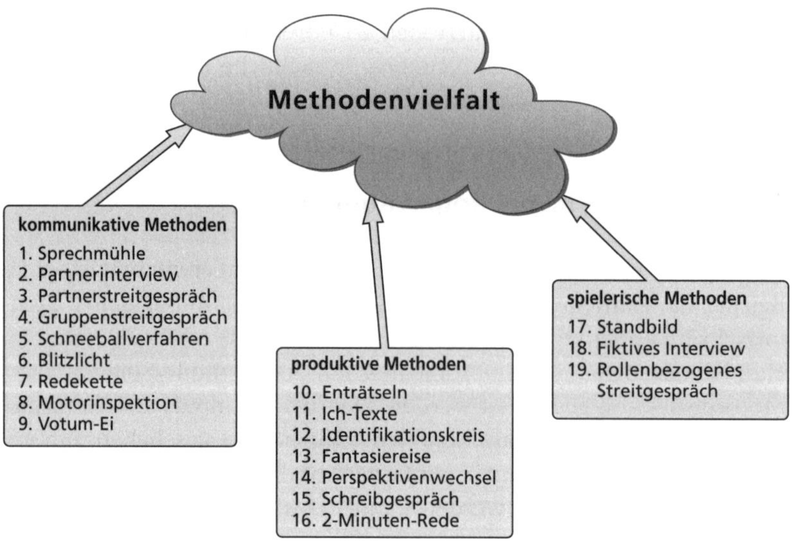

Das Lernen an Stationen ist ein komplexes methodisches Konzept, das Schülerinnen und Schüler dazu herausfordert, individuell oder in Gruppen an mehreren Stationen nacheinander verschiedene Aufgaben zu bearbeiten. Kreative Unterrichtsmethoden erweitern die Möglichkeiten, die erwünschte Aufgabenvielfalt an den Stationen zu gewährleisten. Die damit erreichbare Methodenvielfalt bedeutet auch, dass den unterschiedlichen Fähigkeiten und Neigungen der Lernenden besser entsprochen werden kann.

Das methodische Konzept Stationenlernen beruht auf drei Phasen:

Vorbereitungsphase – Durchführungsphase – Auswertungsphase

Die *Vorbereitungsphase* sollte zum Thema hinführen, ggf. ist die Bildung von Kleingruppen zu organisieren und am Ende sollte an alle Laufzettel ausgegeben werden. Die fachliche Vorbereitung mehrerer Stationen mit ansprechenden, unterschiedlichen und in begrenzter Zeit leistbaren Aufgaben ist relativ arbeitsintensiv, andererseits kann sich die Lehrkraft in der *Durchführungsphase* auf eine beobachtende und beratende Rolle zurückziehen. Für die Arbeit an den Stationen – Stationenlernen, Stationenarbeit und Arbeit im Lernzirkel sind für mich identische Begriffe – sollten in der Regel 90 Minuten im Block zur Verfügung stehen. Es ist nicht sinnvoll, wenn sich die Stationenarbeit häppchenweise auf verschiedene Tage verteilt. Eine *Auswertungsphase,* in der zumindest teilweise Ergebnisse präsentiert und vertieft werden, sollte folgen.

Ich plädiere dafür, das Stationenlernen auf der Basis von Kleingruppen zu organisieren, die den vorbereiteten Lernzirkel nach den zeitlichen Anweisungen der Lehrkraft zu absolvieren haben. Damit eröffnet die Arbeit im Lernzirkel nachhaltige Chancen, die aus vielen Gründen wünschenswerte Kultur der Gruppenarbeit und das gemeinsame Lernen zu fördern. Auch lassen sich einige kreative Unterrichtsmethoden – z. B. das fiktive Interview und das rollenbezogene Streitgespräch – weitaus einfacher mit dem Modell des Stationenlernens vernetzen, wenn vorentschieden ist, dass die Stationen von konstanten Kleingruppen zu durchlaufen sind. Leerlauf, Stausituationen vor einzelnen Stationen und Unruhephasen, die sehr leicht auftreten können, wenn alle individuell den Lernzirkel nach ihrem Lernrythmus und ihren Neigungen durchlaufen, vermindern sich bei der von mir favorisierten Variante erheblich. Sie verstärkt zwar das Lenkungselement, aber damit lässt sich das Stationenlernen leichter in Klassen integrieren, die sehr an den klassischen Frontalunterricht gewöhnt sind.

Ich greife exemplarisch das Thema „Gleichberechtigung" auf, ein Thema, das z. B. in den Fächern Deutsch, Geschichte, Politik und Religion einen wichtigen Platz einnimmt. Ich präsentiere eine Grobplanung, die je nach Fach, Schulform und Altersstufe noch zu modifizieren und zu ergänzen wäre. So könnte im Anschluss an die Stationenarbeit im Deutschunterricht mit literarischen Texten zur Geschlechterproblematik gearbeitet werden, im historischen Unterricht ein Rückblick auf die Geschichte der Frauenbewegung erfolgen, im Sozialkunde-/Politikunterricht politische Konzepte zur Frauenförderung zum Thema werden und im Religionsunterricht das Frauenbild verschiedener Religionen in den Mittelpunkt rücken. (Selbstverständlich können diese unterschiedlichen Fachbezüge auch in einem fächerübergreifenden Unterricht zusammengeführt werden.)

Die folgende Grobplanung ist ein Versuch, die gruppenspezifische Variante des Stationenlernens zu gestalten mit den kreativen Unterrichtsmethoden **Redekette, Blitzlicht, Enträtseln, Ich-Texte, fiktives Interview, Schreibgespräch, Perspektivenwechsel, rollenbezogenes Streitgespräch, Partnerinterview**. Wer diese Grobplanung für den eigenen Unterricht übernehmen möchte, sollte zumindest einmal zuvor die Methoden fiktives Interview und rollenbezogenes Streitgespräch in der ausgewählten Klasse eingesetzt haben.

Grobplanung zum Thema „Gleichberechtigung"

I. Ideen zur Vorbereitungsphase (1. Stunde):

- **Blitzlicht oder Redekette:** Wie ist deine Meinung zum Thema „Gleichberechtigung von Männern und Frauen"?
- **Enträtseln** eines Comics in Partnerarbeit (→ Anlage, Copy, S. 178).
- Mehrere Entwürfe werden vorgelesen, anschließend wird das Original ausgegeben (→ Anlage, Copy, S. 179) und mit verteilten Rollen vorgelesen.
- Einteilung der Lernenden in die Gruppen A bis E. Alle tragen den Buchstaben ihrer Gruppe und ihren eigenen Namen in den Laufzettel ein, der sich zweckmäßigerweise auf der Rückseite des Comics befinden sollte (→ Anlage, Copy, S. 180).

II. Ideen zur Durchführungsphase (2. und 3. Stunde):

Die fünf Gruppen durchlaufen nacheinander fünf Stationen. Zwei bis drei Tische werden so zusammengestellt, dass jeweils eine Station entsteht. Die Stationen werden von eins bis fünf nummeriert. Alle Arbeitsaufträge und erforderlichen Materialien liegen in den Stationen aus. Jedes Gruppenmitglied führt individuell seinen Laufzettel. Die Lehrkraft entscheidet, wann die Gruppen jeweils zeitgleich zur nächsten Station rotieren sollen. Ungefähr 16 bis 17 Minuten stehen pro Station zur Verfügung. Lernende, die sehr zügig arbeiten, werden ab und zu kurze Zeit privatisieren können. Dieser Sachverhalt sollte toleriert werden, oder aber die Lehrkraft müsste den Laufzettel um eine individuelle, nicht stationenspezifische Aufgabe erweitern.

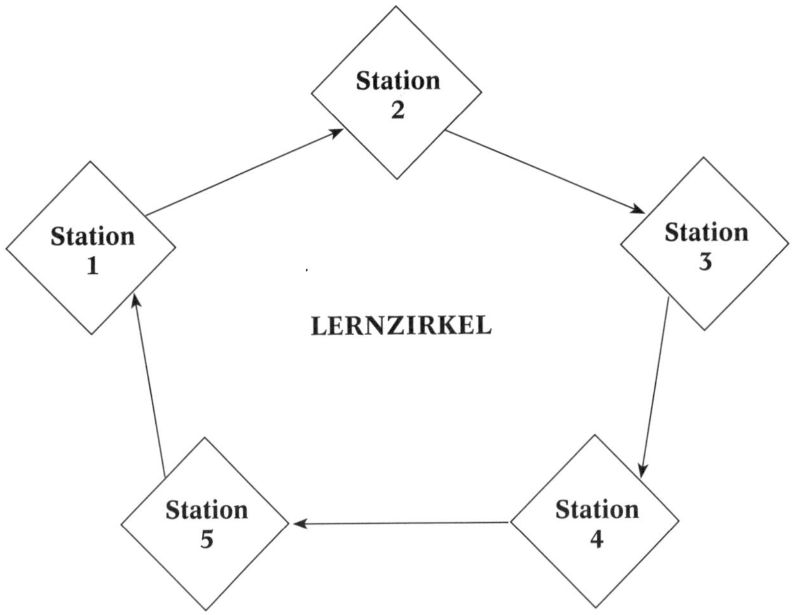

Beschreibung der Aufgaben:

Station 1: **Ich-Texte**

Einzelarbeit: Stell dir vor, du bist Jan und hast diesen Streit der Eltern schon mehrfach erlebt. Wie sind deine Gedanken und Gefühle zu diesem Konflikt? Schreibe in der Ich-Form.
Formuliere für deinen Text auch eine passende Überschrift.

Station 2: **fiktives Interview**

Gruppenarbeit: Entscheidet, ob ihr den Mann oder die Frau interviewen wollt. Sammelt in Stichworten einige Fragen für das Interview, vergebt die beiden Rollen und spielt das Interview. Die Nichtmitspielenden sollen das Interview kritisch beobachten.

Station 3: **Perspektivenwechsel**

Einzelarbeit oder Partnerarbeit: Stellt euch vor, die Frau in dem Comic ist selbstbewusst und gewohnt, ihre eigenen Interessen durchzusetzen. Der Mann hingegen ist unsicher und leicht zu überreden. Entwerft das Gespräch vor diesem Hintergrund neu.

Station 4: **Schreibgespräch**

Partnerarbeit: Lest den ausliegenden Text von Alice Schwarzer und vergleicht die Position dieses Textes mit der im Comic. Diskutiert im Schreibgespräch, wie ihr über beide Positionen denkt und begründet eure Meinungen.

In der Station 4 liegt der folgende Text aus:

Eine andere Position

„Ich suche immer noch einen Mann, der meinen Haushalt macht. Ich gebe ihm genug Wirtschaftsgeld, lasse ihm freie Hand, und er kann sich kaufen, was er will. Er kann auch einmal in der Woche raus, natürlich, wenn alles getan ist. Von mir aus braucht er überhaupt nicht arbeiten zu gehen. Ich verdiene genug. Oder halbe Tage, ganz wie er will.

Gute Behandlung hat er bei mir auch. Sollte es mal später im Büro werden, rufe ich an und sage, dass er mit dem Essen nicht zu warten braucht. Nur das ewige Gefrage, was gekocht werden soll, das kann ich nicht leiden, wie soll ich das immer wissen! Ach ja, jünger müsste er auch schon sein, so bis 10 Jahre, man hat doch Anspruch auf was Knackiges! Ich habe keine Lust Geld für einen extra Freund auszugeben, ich bin treu! Also bitte, ich biete doch sehr viel - aber wo ist der Mann?“

(Alice Schwarzer: Der kleine Unterschied und seine großen Folgen, Fischer TB.)

Station 5: **rollenbezogenes Streitgespräch**

Gruppenarbeit: Spielt ein Streitgespräch. Das Ehepaar im Comic - genannt Klaus und Monika - diskutiert den Konflikt mit einem befreundeten Ehepaar - genannt Jana und David. Rollenvorgaben: David ergreift Partei für Monika, Jana für Klaus. Vergebt die vier Rollen und spielt. Monika könnte beginnen ...

III. Ideen zur Auswertungsphase (4. und 5. Stunde):

- Die Gruppen berichten im Stuhlkreis von ihrer Arbeit an der jeweils letzten Station, in der Abfolge der Stationen 1 bis 5. Eventuell werden auch einige Texte anderer Gruppen zu den Stationen 1, 3 und 4 vorgelesen. Unter Umständen wird ein **fiktives Interview** und/oder ein **rollenbezogenes Streitgespräch** noch einmal vor der ganzen Klasse gespielt.

- Die Klasse löst sich in Zweiergruppen auf. In jeder Kleingruppe werden im Rollentausch **Partnerinterviews** durchgeführt. Alle Interviews haben das gleiche Thema. Zur Vorbereitung auf die Interviews sollen alle einige Minuten lang Stichworte sammeln, orientiert an den mit einer Folie präsentierten *Leitfragen:* Wie stellst du dir eine Partnerschaft in ca. 10 Jahren vor? Welche Bedeutung hat für deine Beziehung die Forderung nach Gleichberechtigung von Männern und Frauen? Wer kümmert sich in deiner Partnerschaft um den Haushalt und ggf. um die Betreuung der Kinder? Wie steht es um die Berufschancen der Frau in deiner Beziehung?
- **Blitzlicht** oder **Redekette** zum Abschluss: Wie ist deine Meinung zum Thema „Gleichberechtigung von Männern und Frauen"?
- Lehrkraft sammelt alle Laufzettel und schriftlichen Ergebnisse ein, um die an den Stationen 1, 3 und 4 erbrachten Leistungen zu beurteilen.

Methode Partnerinterview

Anlagen (Copys):

S. 178 – Comic als Lückentext
S. 179 – „So weit kommt's noch!" (Comic von Marie Marcks)
S. 180 – Laufzettel

MARIE MARCKS

So weit kommt's noch!

MARIE MARCKS

Laufzettel

GRUPPE:

NAME:

Rahmenthema: **Gleichberechtigung**
Thema der Doppelstunde: **„So weit kommt's noch!"** (Ein Comic von Marie Marcks)

Station	Aufgabe	erledigt
1	*Einzelarbeit:* **einen Ich-Text schreiben**	☐
2	*Gruppenarbeit:* **ein fiktives Interview spielen**	☐
3	*Einzelarbeit oder Partnerarbeit:* **Perspektiven-wechsel – den Dialog neu entwerfen**	☐
4	*Partnerarbeit:* **Schreibgespräch**	☐
5	*Gruppenarbeit:* **ein rollenbezogenes Streitgespräch spielen**	☐

Perspektiven

7

Ich sehe vier Möglichkeiten, den praktischen pädagogischen Fortschritt im Bereich Unterrichtsmethoden auf den Weg zu bringen:
- die individuelle Strategie der einzelnen Lehrkraft, den eigenen Unterricht Schritt für Schritt methodisch vielfältiger zu gestalten;
- die Chance der Absprache in Fachkonferenzen, ausgewählte Methoden in mehreren Klassen parallel zu erproben, um gemeinsam einen Einstieg in eine erweiterte Methodenkompetenz zu finden;
- ein Methodentraining im Rahmen der Lehrerbildung, um möglichst vielen positive Erfahrungen mit kreativen Unterrichtsmethoden zu vermitteln;
- eine kreative Seminardidaktik, die bereits in der ersten Phase der Lehrerbildung beginnen sollte und zukünftigen Lehrkräften einen erfahrungsorientierten Zugang zu KUM eröffnen kann.

7.1 Die individuelle Strategie

Wenn Sie daran interessiert sind, das hier vorgestellte Methodenrepertoire Schritt für Schritt in Ihren eigenen Unterricht zu integrieren, sollten Sie als Berufsanfänger/-in mit *einer* Klasse beginnen, und zwar mit einer Klasse, in der Sie schon länger unterrichten. Und Sie sollten zunächst nur solche Methoden einsetzen, von denen Sie innerlich überzeugt sind. Wenn Sie bereits zu den routinierten Lehrkräften zählen, können Sie selbstverständlich auch in verschiedenen Klassen mit kreativen Unterrichtsmethoden parallel experimentieren – auch mit solchen, denen gegenüber Sie eine ambivalente Haltung haben. Vermutlich werden routinierte und methodisch interessierte Lehrkräfte ohnehin häufig feststellen, dass sie bereits mit einigen der hier vorgestellten Methoden arbeiten, so dass es „nur" darum geht, das eigene Repertoire kommunikativer, produktiver und spielerischer Methoden zu erweitern und ihre Anwendung hier und da variantenreicher zu gestalten.

Generell lautet meine Empfehlung für die individuelle Strategie, neue Unterrichtsmethoden behutsam in das methodisch Bekannte einzufügen, sie nüchtern anzukündigen, so dass sich keine überhöhten Erwartungen aufbauen, auch mit dem Risiko des Scheiterns zu rechnen. In einer solchen Situation ist z. B. kritisch zu fragen: Gab es in der vorangegangenen Pause einen Streit, der noch nachwirkte? Wurde die Klasse durch die ausgewählte Quelle über- oder unterfordert? War der zentrale Arbeitsauftrag unklar formuliert? War die Zeit nicht hinreichend, um eine bestimmte Methode optimal zu entfalten? Wusste die Klasse nicht um den Sinn der gewählten Methode? ... Mit diesen Fragen will ich andeuten, was im Fall des Misserfolgs oder des auch möglicherweise nur scheinbaren Misserfolgs gefordert ist: die Fähigkeit zur kritischen Analyse der Situation – gegebenenfalls auch im Gespräch mit der Lerngruppe – und der Mut, die gescheiterte Methode zu einem späteren Zeitpunkt neu zu erproben.

Wesentlich leichter gelingt eine nachhaltige Integration kreativer Unterrichtsmethoden in den Schulalltag, wenn in der ausgewählten Klasse bereits eine Sitzordnung in U-Form oder im Tischkreis oder im Karree besteht oder eine solche Sitzordnung zuvor durchgesetzt werden kann. Viele Methoden erfordern eine Freifläche im Innenraum (z. B. die Sprechmühle und die Motorinspektion) und auch der häufig sinnvolle Stuhlkreis ist leichter zu organisieren, wenn bereits eine Freifläche zur Verfügung steht. Selbstverständlich ist es auch möglich, die Sitzordnung vor Beginn oder zu Beginn einer kreativ geplanten Stunde umzubauen – und es kann trainiert werden, einen solchen Umbau zügig durchzuführen –, aber wenn die geeignete Sitzordnung von vornherein besteht, können Zeit und Kraft gespart werden.

Konkret schlage ich vor, zunächst nur die Methoden **Sprechmühle, Blitzlicht, Redekette, Votum-Ei, Partnerstreitgespräch, 2-Minuten-Rede** und **Enträtseln** einzusetzen und alltäglich werden zu lassen. Diese Methoden bergen wenig Risiken und verändern das Lernklima positiv. Anschließend sollten nach und nach weitere Methoden integriert werden. In dieser Phase können einige der in Kapitel 5 vorgestellten Verlaufsplanungen einbezogen werden. Sollte der Prozess, Methodenvielfalt im Fachunterricht zu praktizieren, erfolgreich verlaufen, kann daran gedacht werden, das methodische Konzept **Stationenlernen** aufzugreifen. In der Ausgestaltung eines Lernzirkels mit kreativen Unterrichtsmethoden sehe ich sozusagen die Hochform einer lebendigen, aktivierenden und vielfältigen Unterrichtskultur.

Als alternative Strategie biete ich an, zunächst nur jene Methoden aufzugreifen und zu integrieren, die die Sozialform **Partnerarbeit** stärken und die an die Sitzordnung keine besonderen Anforderungen stellen. In diesem Fall kommen zunächst die Methoden Partnerinterview, Partnerstreitgespräch, Enträtseln, dialogisches Schreibgespräch zur Anwendung. In einer zweiten Phase können jene Methoden aktiviert werden, die die **Einzelarbeit** fördern und fordern und gleichfalls bei jeder möglichen Sitzordnung realisierbar sind: Enträtseln, Ich-Texte, Fantasiereise, 2-Minuten-Rede.

Wenn es der einzelnen Lehrkraft gelungen ist, diese sieben Methoden alltäglich werden zu lassen und auf ihrer Basis erfolgreich zu unterrichten, sollte die dritte Phase in Angriff genommen werden. Sie zielt darauf, die Sozialform **schülerzentriertes Plenum** Schritt für Schritt zu etablieren, indem nach und nach die folgenden Methoden eingesetzt werden: die Sprechmühle, das Blitzlicht, die Redekette, die Motorinspektion, das Votum-Ei, das Gruppenstreitgespräch, der Identifikationskreis, die plenumszentrierten Varianten des fiktiven Interviews und des rollenbezogenen Streitgespräches. Jetzt ist regelmäßig eine Sitzordnung in U-Form oder im Rechteck erforderlich, denn die genannten Methoden erfordern – mit Ausnahme der Methode Votum-Ei – im Interesse ihrer optimalen Entfaltung eine Freifläche. Diese kann von Zeit zu Zeit auch für Partnerinterviews und insbesondere für Partnerstreitgespräche genutzt werden. Gelingt es, das schülerzentrierte Plenum durchzusetzen, ist dies der Durchbruch im individuellen Prozess methodischer Innovation, der Umschlag in eine neue Qualität der Methodenkultur, in der KUM positiv bestimmend werden.

In der letzten Phase kann die Sozialform **Gruppenarbeit** mit bestimmten Methoden kreativ geprägt werden, und zwar mit der Variante Puzzle, den Methoden Schneeballverfahren, 2-Minuten-Rede, den Gruppenvarianten des Schreibgespräches, des fiktiven Interviews und des rollenbezogenen Streitgespräches. Versuche, die Sozialform Gruppenarbeit mit kreativen Methoden zu profilieren, sind anspruchsvoll, aber ihre Erfolgsaussichten sind gut, wenn zuvor erreicht wurde, die Sozialformen Partnerarbeit, Einzelarbeit und das schülerzentrierte Plenum methodisch kreativ und zugleich fachlich kompetent zu praktizieren.

Und nicht zuletzt gilt für beide hier ausformulierten Strategien und jede weitere denkmögliche: Viel Spaß beim Variieren, Kombinieren und Weiterentwickeln kreativer Methoden, bei der Suche nach neuen Varianten und der professionellen Verknüpfung von kreativen und traditionellen Methoden. Kreative Methodik wendet sich an das schöpferische Potenzial in der pädagogischen Persönlichkeit, daraus folgt auch: Überschreiten Sie kreativ die Botschaften dieser Schrift.

7.2 Die Chance der Fachkonferenz

In Fachkonferenzen sollte auch über Unterrichtsmethoden diskutiert werden. So wäre es z. B. denkbar, ausgewählte kreative Unterrichtsmethoden in einer Fachkonferenz zu thematisieren. Am Ende könnte die Entscheidung stehen, bestimmte Methoden in verschiedenen Klassen parallel zu erproben – um herauszufinden, ob intensive Lernprozesse mit hoher Akzeptanz wahrscheinlicher werden, wenn der Unterricht auf einer schmalen Quellenbasis, aber mit vielen aktivierenden Methoden gestaltet wird.

Die antragstellende Lehrkraft könnte für das Fach Sozialkunde/Politik z.B. konkret vorschlagen, in mehreren Klassen eines 10. oder 11. oder 12. Jahrgangs eine Doppelstunde ausschließlich mit einem Zitat von Jürgen Habermas zu gestalten: *„Nicht der Kern der Gewalt ist das Problem, sondern die Schale, in der sie gedeiht."* Dem Antrag könnte die folgende Planungsskizze beigefügt sein, die natürlich für den ausgewählten Jahrgang und in Hinblick auf die Besonderheiten der Lerngruppen und vor dem Hintergrund des eigenen pädagogischen Selbstverständnisses noch zu überprüfen ist.

Planungsskizze

1. *Phase:* **Motorinspektion** – ca. 10 Min.
   Zwei Stühle werden mit hinreichendem Abstand zueinander aufgestellt, Symbole für die Nähe und Distanz zum Problem Gewalt. Die Frage lautet: Wie nah oder fern ist dir das Problem Gewalt? Nachdem alle stehend und schweigend ihre Position eingenommen haben, sollten möglichst viele ihren gewählten Standort mit einigen Sätzen erklären.

2. *Phase:* **Enträtseln** – ca. 25 Min.
   Das Zitat von Jürgen Habermas wird zerschnitten in einzelne Worte – alle verfasst mit großen Buchstaben – und ohne Satzzeichen an Dreiergruppen in Briefumschlägen ausgegeben. Jede Gruppe soll das Puzzle lösen, ohne zu sprechen. Jedes Gruppenmitglied darf maximal drei Puzzleteile umlegen, dann ist das nächste Gruppenmitglied am Zug. Für Gruppen, die nach einer hinreichenden Zeit nicht zum Erfolg

Methode Enträtseln

gelangen, kann die Lehrkraft das Sprechverbot aufheben. Wenn eine Gruppe das Zitat richtig gelegt hat, soll sie anfangen, das Zitat zu deuten. Am Ende dieser Phase wird die richtige Fassung an die Tafel geschrieben, ebenso der Name des Autors.

3. *Phase:* **Sprechmühle** – ca. 20 Min.
In diesem Fall wird auf die Unterscheidung in A und B verzichtet. Die wechselnden Zweiergruppen sollen lediglich jeweils eine Aufgabe miteinander besprechen:
- Habermas hat diese Äußerung auf die Gewalttaten von Rechtsradikalen gegenüber Ausländerinnen und Ausländern bezogen. Versucht seine Äußerung zu deuten.
- Habermas ist ein Soziologe, der sich mit den Verhältnissen in der Gesellschaft befasst. Was kann er mit der Formulierung „die Schale, in der die Gewalt gedeiht" gemeint haben?
- Diskutiert, inwieweit rechte Gewalttäter auch als Opfer ihrer Lebensumstände gesehen werden können.

4. *Phase:* L.-gelenktes Gespräch – ca. 25 Min.
Im gelenkten Gespräch werden die Aufgaben der Sprechmühle im Plenum besprochen, am besten im Stuhlkreis. L. gibt ggf. notwendige Informationen ein, z. B.: mit Kern meint Habermas die Täterszene, mit Schale die gesellschaftlichen Verhältnisse, in denen die Gewalttäter überwiegend aufwachsen: kaputte Familien, abgebrochene Schullaufbahn, Arbeitslosigkeit, fehlende Lebensperspektive … Das Gespräch könnte übergehen in eine kontroverse Diskussion der Frage, inwieweit die rechten Gewalttäter für ihr Handeln selbst verantwortlich sind, inwieweit es eine Mitverantwortung der Gesellschaft gibt.

5. *Phase:* **Votum-Ei** – ca. 10 Min.
Am Ende soll die Lerngruppe ihre Zufriedenheit bzw. Unzufriedenheit mit der methodischen Gestaltung dieser Doppelstunde schweigend zurückmelden. Ein großes Blatt Papier, das ein Spiegelei zeigt, wird in die Mitte gelegt und alle werden aufgefordert, ihre Meinung mit einem Kreuz einzutragen.
- Kreuz in das Gelbe vom Ei bedeutet: sehr zufrieden;
- Kreuz auf die Grenze zwischen Gelb und Weiß heißt: zufrieden;
- Kreuz im weißen Bereich heißt: weniger zufrieden;
- Kreuz außerhalb der Eifläche heißt: gar nicht zufrieden.

Es wäre interessant, wenn einige Lernende noch die Chance hätten, ihre Stellungnahme zu erklären.

7.3 Ein Methoden-Workshop zur Lehrerbildung

> Der erste Schritt zur Schulreform ist die Erneuerung der Methoden- und Unterrichtskultur.
>
> *Hilbert Meyer*

Nicht nur diejenigen, die in der institutionalisierten Lehrerbildung tätig sind, sondern auch Lehrerinnen und Lehrer, die von der pädagogischen Botschaft dieses Buches überzeugt sind und mit den präsentierten Methoden schon einige Unterrichtserfahrungen gesammelt haben, können mit ca. 15 bis 30 Kolleginnen und Kollegen an der eigenen Schule einen dreistündigen Workshop zum Thema „Kreative Unterrichtsmethoden" *leitend* gestalten, wenn sie die folgende, schon mehrfach erprobte Planung übernehmen. (Ich halte es tendenziell für ein Zeichen von Unmündigkeit zu meinen, man müsse im Rahmen der schulinternen Lehrerfortbildung stetig so genannte Expertinnen und Experten von außen hinzubitten.) Wenn Sie deutlich mehr als drei Stunden zur Verfügung haben, können natürlich auch einige Stundenentwürfe aus dem Kapitel 5 gelesen und diskutiert werden.

Einstieg – ca. 15 Min. (alle Tische zunächst im Rechteck anordnen.)

- Geben Sie einen kurzen Überblick über kreative Unterrichtsmethoden:

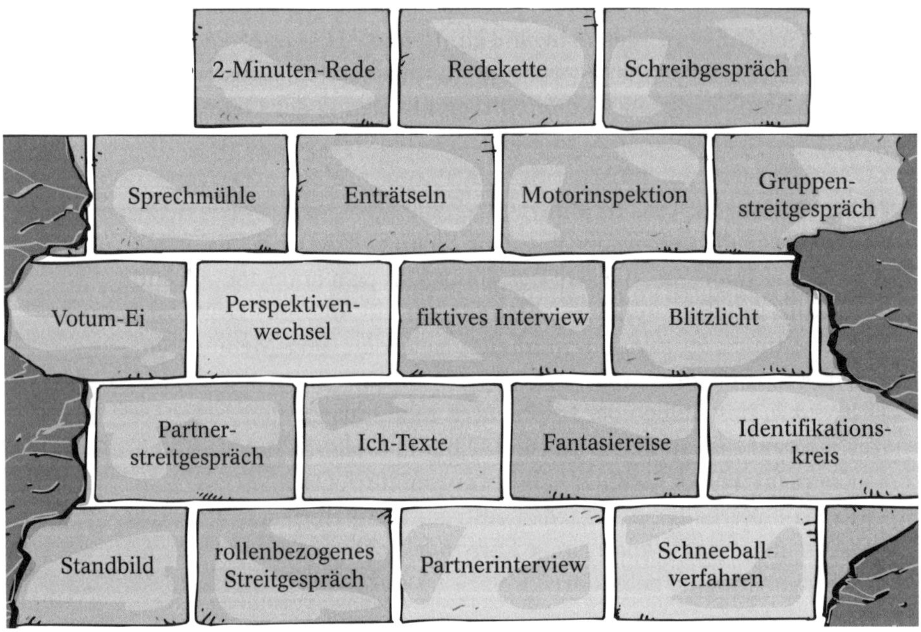

- Erläutern Sie in Anlehnung an Kapitel 3 mit jeweils einigen Sätzen die Methoden **Ich-Texte - Standbild - fiktives Interview - Perspektivenwechsel - Partnerstreitgespräch - Schreibgespräch**.
- Kündigen Sie einen Lernzirkel im Sinne eines exemplarischen Erfahrungsprozesses an. Im Lernzirkel soll es um die Drogenproblematik gehen, und es soll nur mit einer Quelle gearbeitet werden, dem Gedicht „Was man so sagt" (s. S. 5–6).

Lernzirkel - ca. 100 Min.

Hinführung zum Thema (ca. 30 Min.):

- Alle sollen in Kleingruppen einen Satz des Gedichts **enträtseln**: „Als sie ein Jahr später sich versteckt zu Tode gefixt hatte, sagte man gar nichts mehr." Der Satz wird als Puzzle und durchgehend mit großen Buchstaben präsentiert, das Wort „Tode" ist durch einen Leerzettel ersetzt, die Satzzeichen fehlen. Das Puzzle soll schweigend gelöst werden. Jedes Gruppenmitglied darf maximal drei Zettel umlegen, dann ist das nächste Gruppenmitglied am Zug. Gruppen, die scheitern, erhalten nach einer gewissen Zeit für den Leerzettel das Wort „Tode".
- Das Gedicht „Was man so sagt" wird ausgegeben und individuell gelesen.
- Erläutern Sie kurz die Methode **Motorinspektion**, stellen Sie zwei Stühle als Symbole für die Nähe bzw. Distanz zum Thema „Drogen" auf eine freie Fläche und praktizieren Sie die Motorinspektion mit den Impulsen:
  1. Wie nah oder fern ist Ihnen in beruflicher Hinsicht das Problem legaler und illegaler Drogen?
  2. Was müsste an den Schulen geschehen, damit Sie beruflich mehr Distanz zu diesem Problem finden können? (Der zweite Impuls richtet sich an jene, die ihre Position relativ nah am Symbol Nähe gewählt haben.)

Arbeit im Lernzirkel (ca. 70 Min.):

- Alle setzen sich in fünf Gruppen an Tischen zusammen. Benötigt wird nur das Gedicht „Was man so sagt" und ein Stift. Die Arbeitsaufträge werden an den Stationen 1 bis 5 ausgelegt. Die Gruppen sollen in etwa gleichen Zeitabständen von Station zu Station rotieren.
- Fünf Aufgaben sind nacheinander zu bearbeiten.

Aufgabe an Station 1:
Entwerfen Sie mit den Mitteln Körperhaltung, Gestik und Mimik ein **Standbild** zur Situation am Grab. Lassen Sie das Standbild kurze Zeit schweigend wirken. Die Beteiligten der Beerdigung - auch die Tote - sollen anschließend ihre Gedanken und Gefühle nacheinander als Monolog (Methode **Ich-Texte**) vortragen. (Als Hilfsmittel sollte an dieser Station eine Wolldecke als Unterlage für die Verstorbene zur Verfügung stehen.)

Aufgabe an Station 2:
Führen Sie ein **fiktives Interview** mit den Eltern der Drogenabhängigen (eine Woche nach der Beerdigung). Besetzen Sie die Rolle Reporter/Reporterin wenn möglich doppelt.

Aufgabe an Station 3:
Diskutieren Sie im dialogischen **Schreibgespräch**: Wer hatte wann welche Chance, dieses Drogenschicksal zu verhindern bzw. zu stoppen? Beachten Sie die Strophen 1 bis 6.

Aufgabe an Station 4:
Perspektivenwechsel: Fantasieren Sie die Sicht des Bruders oder der Schwester der Drogenabhängigen. Entwerfen Sie aus dieser Perspektive einen neuen Text über ihr Leben. (An dieser Station sollten hinreichend leere Blätter ausliegen.)

Aufgabe an Station 5:
Führen Sie **Partnerstreitgespräche**. Position A: Die Schule hat keine wirkliche Chance, Drogenabhängigen zu helfen. Position B: Die Schule hat viele Möglichkeiten, Drogenabhängigen zu helfen. Wechseln Sie spätestens nach fünf Minuten die Rollen.

- Deuten Sie mit einigen Sätzen Möglichkeiten an, die Ergebnisse der Stationenarbeit im Plenum zu präsentieren, zu diskutieren und zu vertiefen. (Hier könnte eine Pause anschließen.)

Reflexionsphase – ca. 45 Min.

Sprechmühle mit folgenden Aufgaben:

- Diskutieren Sie die Chancen und Probleme der Kombination der Methoden Standbild und Ich-Texte.

- Diskutieren Sie die Chancen und Probleme eines fiktiven Interviews, ausgehend von Ihren Erfahrungen an Station 2.
- Diskutieren Sie die Chancen und Probleme eines kreativen Lernzirkels am Beispiel des heute Erlebten.

Aussprache im Stuhlkreis. Leitfragen:

- Wie haben Sie die kreativen Unterrichtsmethoden erlebt?
- Wie denken Sie über die Anwendung der kreativen Unterrichtsmethoden in Ihrem Unterricht?
- **Blitzlicht** zum Abschluss: Was ich noch sagen wollte ... (ein Gegenstand wird herumgereicht und alle, die wollen, formulieren kurze Ich-Botschaften, die nicht diskutiert werden).
- Ihr mögliches Schlusswort: Heute haben wir fast drei Stunden mit nur einer Quelle, aber vielen Methoden gearbeitet. Zeigt sich hier eine Chance, Lernprozesse intensiver zu gestalten? Eröffnen kreative Unterrichtsmethoden neue Möglichkeiten, Schülerinnen und Schüler zu aktivieren und die eigene Dominanz abzubauen?

Anmerkungen

1. Wenn Sie Bedenken haben, ein Standbild zur Situation am Grab entwerfen zu lassen, können Sie an Station 1 dazu herausfordern, die erste oder sechste Strophe des Gedichts mit Hilfe der Methoden Standbild und Ich-Texte zu bearbeiten.

2. Eine Alternative zur Sprechmühle wären Schreibgespräche oder Partnerinterviews über die Chancen und Risiken KUM.

3. Ergibt sich bei mehreren Lehrkräften einer Schule die Bereitschaft, ihren Unterricht Schritt für Schritt um KUM anzureichern, empfehle ich, in ausgewählten Klassenräumen ein Plakat oder eine Wandzeitung aufzuhängen, am oberen Rand die Namen aller 19 Methoden nebeneinander einzutragen und jeden Einsatz einer kreativen Methode mit Datum und Fachangabe zu vermerken. Eine solche Kurzdokumentation verschafft einen Überblick für alle, kann als Ausgangspunkt für gemeinsame Reflexionen genutzt werden und andere Lehrkräfte ermutigen, ebenfalls KUM einzusetzen (s. S. 48).

7.4 Kreative Seminardidaktik

Kreative Unterrichtsmethoden eröffnen zahlreiche Chancen, um Seminare in der Lehrerbildung methodisch vielfältig und Beteiligte aktivierend zu gestalten und zugleich das Arbeitsklima positiv zu prägen. Ich skizziere hier einige Beispiele aus meiner Lehrtätigkeit an der Universität Hannover, um Kolleginnen und Kollegen, die in der Aus- und Fortbildung von Lehrkräften tätig sind, zu ermutigen, in der eigenen Seminardidaktik traditionelle und kreative Unterrichtsmethoden miteinander zu verschränken. Die folgende, an schulpädagogischen Themen orientierte Skizze ist weitgehend auf andere Themen und verwandte Disziplinen übertragbar. Eine kreative Seminarkultur ist allerdings nicht voraussetzungslos: Ich halte die Beschränkung auf maximal 35 Teilnehmende und die durchgängige Anordnung aller Tische im Rechteck für notwendig.

Sprechmühle (→ s. S. 48)
Eine Seminarsitzung zur Lehrerrolle eröffne ich mit der klassischen Variante der Sprechmühle zu den Fragen: Welche Hoffnungen habe ich, wenn ich daran denke, den Beruf Lehrerin/Lehrer mehr als 20 Jahre auszuüben? Welche Ängste habe ich, wenn ich daran denke, den Beruf Lehrerin/Lehrer mehr als 20 Jahre auszuüben? Die Auswertung gestalte ich im Stuhlkreis, ausgehend von dem Impuls: Was hat Ihr Gegenüber zu der jeweiligen Frage gesagt? Dieser Impuls führt fast immer zu einer breiten Palette von Äußerungen. Anschließend zitiere ich aus Interviews mit Lehrkräften, die auf eine langjährige Berufspraxis zurückblicken können.

Partnerstreitgespräch (→ s. S. 21)
Nach einem literaturbezogenen Kurzreferat über den Sinn und die Problematik von Hausaufgaben praktiziere ich diese Methode. Position A: Es liegt im Interesse der Lernenden, regelmäßig Hausaufgaben zu erteilen. Position B: Schule und Unterricht sollten so gestaltet sein, dass regelmäßige Hausaufgaben entbehrlich sind. Nach den mit Rollenwechsel durchgeführten Partnerstreitgesprächen über ca. 2 x 4 Minuten ist eine lebendige Schlussdiskussion ein Selbstläufer.

Gruppenstreitgespräch
Alle Themen, die sich für Partnerstreitgespräche eignen, können auch in einem Gruppenstreitgespräch bearbeitet werden – und umgekehrt. So habe ich z. B. nach einem Vortrag über das Schulsystem Schwedens ein Gruppenstreitgespräch angeschlossen, in dem die eine Gruppe das schwedische Schulsystem als das bessere verteidigen soll und die ande-

re Gruppe die Aufgabe hat, das deutsche Schulsystem zu legitimieren. Wenn auf diese Weise die Methoden Vortrag und Gruppenstreitgespräch miteinander verknüpft werden, entsteht in der Streitphase, in der sich zwei Gruppen auf wenigen Metern Abstand gegenüberstehen, ein besonderes Klima und die engagierte Beteiligung vieler ist nahezu automatisch gewährleistet. Soweit in das Streitgespräch objektiv falsche Sachargumente einfließen, korrigiere ich diese ggf. in einem kurzen Statement am Ende der Seminarsitzung.

Motorinspektion
Die Motorinspektion ist immer ein Öffner für persönlich gefärbte Seminargespräche, z. B. zu dem Impuls: Wie nah oder fern ist mir die Angst, in der ersten Unterrichtsstunde, die ich selber halten werde, zu versagen? Sinnvoll sind in diesem Fall zwei Stühle, die Nähe und Distanz symbolisieren. Die Erfahrung, dass viele ähnliche Befürchtungen haben, wird als entlastend erlebt und schafft ein solidarisches Gruppengefühl. In praktikumsvorbereitenden Lehrveranstaltungen schließe ich als zweiten Impuls an: Was kann ich tun bzw. die Lehrveranstaltung leisten, um meine Versagensängste zu verringern?

Votum-Ei
In der Seminarmitte und in der letzten Seminarsitzung setze ich in der Regel das Votum-Ei ein, um die Zufriedenheit bzw. Unzufriedenheit der Teilnehmenden mit dem Seminarverlauf oder den eigenen Lernfortschritten zu klären. Eine kurze freie Aussprache, die mir nicht selten wertvolle Anregungen zur Verbesserung der eigenen Seminargestaltung, aber häufig auch ermutigende Signale, hochschuldidaktisch auf dem richtigen Weg zu sein, bietet, schließt sich an. Es fallen Äußerungen wie: „Dieses Seminar ist eines von ganz wenigen, bei denen ich nur im Notfall auf eine Sitzung verzichten möchte.“ „Hier schaue ich nie auf die Uhr, um zu wissen, wann ich endlich gehen kann.“ „Endlich mal ein richtiges Seminar und keine verkappte Vorlesung, in der Referat auf Referat folgt.“ „Durch die vielseitigen Methoden war jede Sitzung in ihrem Charakter anders.“ „Es haben Menschen zusammengearbeitet und nicht Matrikelnummern.“

Redekette/Blitzlicht/Schreibgespräch/2-Minuten-Rede
Diese Methoden sind immer eine Chance, um Seminargruppen insgesamt zu aktivieren, insbesondere wenn es darum geht, eigene Meinungen und eine darauf beruhende Streitkultur aufzubauen. Typische Impulse sind: Wie ist meine Meinung zu zentralen Abschlussprüfungen? Wie denke ich über die Verkürzung der Schulzeit auf zwölf Jahre? Was gefällt mir an dem vorgestellten Stundenentwurf, wo habe ich Zweifel oder Einwände?

Enträtseln (→ s. S. 26)
Gerne setze ich das Gruppenpuzzle als Einstieg ein, um in Dreiergruppen einen zentralen Satz schweigend enträtseln zu lassen. Im Kontext einer Diskussion über Erziehungsziele z. B. die Formulierung von Adorno: „Die Forderung, dass Auschwitz nicht noch einmal sei, ist die allererste an Erziehung." Im Rahmen geschlechtsspezifischer Betrachtungen z. B. die Äußerung von Simone de Beauvoir: „Wir wollen von euch die Hälfte der Welt und wir geben euch dafür die Hälfte der Familie." Anschließende auf Deutung und Stellungnahme angelegte Plenumsgespräche verlaufen deutlich besser als meine frühere Praxis, zentrale Zitate nur per Tafelanschrift oder Folie zur Diskussion zu stellen. Offenbar führt die Puzzle-Praxis die Studierenden näher an die Aussagen heran und belebt zugleich die intellektuelle Fantasie.

Perspektivenwechsel
Bei umstrittenen Stundenentwürfen erlebe ich es als sehr reizvoll, zunächst alle ein prinzipiell ablehnendes schulpädagogisches Gutachten formulieren zu lassen und anschließend dazu aufzufordern, schriftlich den Entwurf mit schulpädagogischen Argumenten in den höchsten Tönen zu loben – auch der umgekehrte Weg ist möglich. Die gegensätzlichen Stellungnahmen schaffen eine Atmosphäre der Verunsicherung, die sich motivierend und produktiv auf die weitere Erörterung auswirkt und vorschnelle bzw. leichtfertige Festlegungen verhindert.

Identifikationskreis/Fantasiereise/Standbild/Schreibgespräch
Wie bereits mehrfach erwähnt, bin ich im Rahmen meiner Seminare zur Unterrichtsmethodik bemüht, alle KUM zu praktizieren. Bei der Methode Identifikationskreis nutze ich gerne den Text „Wir hatten Angst – und Hoffnung" (vgl. S. 89–90) oder die Kurzgeschichte „Die Zwerge" von Wolfdietrich Schnurre. Ich setze diese Methode aber erst zum Seminarende ein, weil sie vertrauensvolle Beziehungen und ein gutes Arbeitsklima voraussetzt. Mit der Methode Fantasiereise verbinde ich durchweg positive Erfahrungen, wenn z. B. der an den Zeitungsartikel „Ausländer leben in Deutschland gefährlich" angelehnte Text (vgl. S. 122) eingesetzt wird und die individuelle Variante dieser Methode zum Einsatz kommt. Standbilder lasse ich produzieren, indem ich z. B. vier Gruppen auffordere, zu den Strophen 1, 3, 6 und 8 des Gedichts „Was man so sagt" (vgl. S. 5–6) je ein Standbild kommunikativ zu entwerfen und dieses schweigend im Plenum zu präsentieren. Angehende Lehrerinnen und Lehrer zeigen sich bei dieser Aufgabe sehr kreativ und entwerfen mit symbolischen Elementen in ca. 15 Minuten häufig Standbilder, die die aufmerksam Beobachtenden zu verschiedenen Deutungen herausfordern. Nach dieser Phase des Austausches von Deutungen und Absichten

fallen häufig Äußerungen wie: die Nähe zum Gedicht bzw. zur Schlüsselfigur habe zugenommen, die individuelle Interpretation des Gedichts habe sich in dieser oder jener Weise verändert. Gute Erfahrungen habe ich auch mit dem rollenbezogenen Schreibgespräch gemacht. Die Zweiergruppen übernehmen z. B. die Rollen von Frau und Herrn Zeiger (vgl. S. 111–112) und führen in diesen Rollen schweigend einen schriftlichen Dialog zu dem Thema: „Wie soll es weitergehen?"

Fiktives Interview (→ s. S. 43)
Neuere schulpädagogische Literatur - z. B. Hilbert Meyer „Was ist guter Unterricht?" - greife ich in der Form auf, dass zunächst zwei Studierende über diese Schrift ein Referat halten, anschließend schlüpfen sie in die Rolle von Hilbert Meyer und müssen sich vorbereiteten, aber ihnen unbekannten Fragen einer Dreiergruppe stellen, die natürlich während des Interviews spontan ergänzt werden können. Die Reporter/-innen werden von mir vorbereitet, insbesondere achte ich darauf, dass die Interviewfragen auf der Basis des angeeigneten Textes potentiell beantwortbar sind. Die Schlussphase dieser Sitzung gestalte ich auf der Grundlage meiner während des fiktiven Interviews gemachten Notizen.

Rollenbezogenes Streitgespräch
Verschiedene allgemeindidaktische Theorien oder Lerntheorien oder Schultheorien ... lasse ich in einer Sitzung nach einer einheitlichen und verbindlich vorgegebenen Gliederung referieren. In der folgenden Sitzung übernehmen die Referierenden die Rollen der jeweiligen Autorinnen bzw. Autoren, um in einem von mir geleiteten Streitgespräch die verschiedenen Theorien kontrovers zu diskutieren. Alle anderen befinden sich in der Rolle eines Fachpublikums und werden von mir ermutigt, sich jederzeit mit Fragen oder Statements einzumischen.

Werden Seminare in der ersten und zweiten Phase der Lehrerausbildung regelmäßig zu einem Erfahrungsfeld für KUM, können zukünftige Lehrerinnen und Lehrer modellhaft erfahren und verinnerlichen, wie sich ihr eigener schulischer Unterricht methodisch kreativ gestalten ließe. Für mich liegt in der Seminarkultur noch ein weitgehend ungenutztes Potential, um methodische Handlungskompetenz für den Lehrberuf praktisch aufzubauen. Die theoretische Perspektive einer fortschrittlichen Unterrichtsmethodik für die Lehrerbildung sehe ich in einem Unterrichtsbild, das auf der konsequenten Verknüpfung *frontal ausgerichteter Darbietungs- und Gesprächsphasen* mit *auf der Freifläche gestalteten Inszenierungsphasen* und *individuellen Arbeitsphasen* (vgl. S. 53) beruht.

8 Literatur

Adorno, Theodor W.: *Erziehung zur Mündigkeit. Vorträge und Gespräche mit Hellmut Becker 1959–1969*, hrsg. von Gerd Kadelbach, Suhrkamp Verlag, Frankfurt am Main 1970

Böhne, Anja: *Aktivierende Unterrichtsmethoden in der Grundschule. Anwendungsbeispiele im Religionsunterricht*, Hausarbeit im Rahmen der Ersten Staatsprüfung für das Lehramt an Grund-, Haupt- und Realschulen, Hannover 2004

Bönsch, Manfred. Unter Mitarbeit von Astrid Kaiser: *Unterrichtsmethoden - kreativ und vielfältig,* Schneider Verlag, Hohengehren 2002

Breit, Gotthard: *Mit den Augen des anderen sehen - Eine neue Methode zur Fallanalyse,* Wochenschau Verlag, Schwalbach/Ts. 1991

Cohn, Ruth C. / Terfurth, Christina (Hrsg.): *Lebendiges Lehren und Lernen. TZI macht Schule,* 3. Aufl., Klett-Cotta, Stuttgart 1997

Greving, Johannes / Paradies, Liane: *Unterrichts-Einstiege. Ein Studien- und Praxisbuch,* Cornelsen Verlag Scriptor, Berlin 1996

Gudjons, Herbert: *Spielbuch Interaktionserziehung,* 6. Auflage, Klinkhardt, Bad Heilbrunn 1998

Gudjons, Herbert u. a. (Hrsg.): *Unterrichtsmethoden. Grundlegung und Beispiele*, 2. Auflage, Bergmann und Helbig, Hamburg 1987

Gugel, Günther: *Praxis politischer Bildungsarbeit. Methoden und Arbeitshilfen,* 3. Auflage, Verein für Friedenspädagogik, Tübingen 1994

Hage, Klaus u. a.: *Das Methoden-Repertoire von Lehrern. Eine Untersuchung zum Schulalltag der Sekundarstufe I,* Leske und Budrich, Opladen 1985

Hentig, Hartmut von: *Kreativität. Hohe Erwartungen an einen schwachen Begriff,* Carl Hanser Verlag, München-Wien 1998

Janssen, Bernd: *Chancen kreativer Lehrmethoden: Empathie und Fantasie fördern*, in: Pädagogik, H. 12/2006

Janssen, Bernd: *Methodisch kreativ inszenierte Wissensvermittlung*, in: Pädagogik, H. 11/2007

Janssen, Bernd: *Methodenorientierte Politikdidaktik. Methoden zur Sachanalyse und Unterrichtsplanung*, 3. erw. Auflage, Wochenschau Verlag, Schwalbach / Ts. 2008

Janssen, Bernd: *Kreativer Politikunterricht. Wider die Langeweile im schulischen Alltag*, 3. erw. Auflage, Wochenschau Verlag, Schwalbach / Ts. 2007

Jürgensen, Erwin: *Von der Klasse zum Team. Unterrichtsvorschläge zum themen-, methoden- und beziehungsorientierten Lernen,* Verlag Moritz Diesterweg, Frankfurt am Main 2000

Klippert, Heinz: *Kommunikations-Training. Übungsbausteine für den Unterricht,* 9. Auflage, Beltz Verlag, Weinheim und Basel 2002
Klippert, Heinz: *Methoden-Training. Übungsbausteine für den Unterricht,* 11. Auflage, Beltz Verlag, Weinheim und Basel 2000
Kuppig, Kerstin: *Ideenkiste Religion,* 2. Auflage, Verlag Herder, Freiburg im Breisgau 1998
Mattes, Wolfgang: *Methoden für den Unterricht. 75 kompakte Übersichten für Lehrende und Lernende,* Schöningh, Paderborn 2002
Mayer, Ulrich u.a. (Hrsg.): *Handbuch Methoden im Geschichtsunterricht,* Wochenschau Verlag, Schwalbach/Ts. 2004
Merkelbach, Valentin (Hrsg.): *Kreatives Schreiben,* Westermann Schulbuchverlag, Braunschweig 1993
Meyer, Hilbert: *Unterrichtsmethoden II: Praxisband,* Scriptor Verlag, Frankfurt am Main 1987
Meyer, Hilbert: *Was ist guter Unterricht?* Cornelsen Verlag, Berlin 2004
Nußbaum, Regina (Hrsg.): *Wege des Lernens im Deutschunterricht. Phantasie entfalten - Erkenntnisse gewinnen - Sprache vervollkommnen*, Westermann Schulbuchverlag, Braunschweig 2000
Peterßen, Wilhelm H.: *Kleines Methoden-Lexikon,* Oldenbourg Schulbuch Verlag, München 1999
Reinhold, Wiebke: *Aktivierende Unterrichtsmethoden - angewandt im Sachunterricht,* Hausarbeit im Rahmen der Ersten Staatsprüfung für das Lehramt an Grund-, Haupt- und Realschulen, Hannover 2005
Schmitz, Dagmar Antje: *Handbuch des kreativen Schreibens für den Unterricht in der Sekundarstufe I,* Auer Verlag, Donauwörth 2001
Schneider, Gerhard: *Gelungene Einstiege. Voraussetzung für erfolgreiche Geschichtsstunden*, 4. Auflage, Wochenschau Verlag, Schwalbach/Ts. 2004
Schönaich, Jana: *Aktivierende Unterrichtsmethoden - Anwendungsbeispiele im Deutschunterricht*, Hausarbeit im Rahmen der Ersten Staatsprüfung für das Lehramt an Grund-, Haupt- und Realschulen, Hannover 2004
Siebert, Horst/Schmidt, Monika: *Gestaltung von Erwachsenenbildung. Anregungen für Studium und Bildungsarbeit,* Verlag für akademische Schriften, Frankfurt 1994
Thal, Jürgen/Ebert, Uwe: *Methodenvielfalt im Unterricht. Mit Lust stressarm und effektiv lernen*, 3. Auflage, Luchterhand Verlag, München 2004
Thanhoffer, Michael u. a.: *Kreativ unterrichten. Möglichkeiten ganzheitlichen Lernens. Ein Handbuch mit Gedanken und Methoden,* Ökotopia, Münster o. J.
Wiechmann, Jürgen (Hrsg.): *Zwölf Unterrichtsmethoden. Vielfalt für die Praxis,* 2. Auflage, Beltz Verlag, Weinheim und Basel 2000